李白传

张婷婷
——
著

我本楚狂人 凤歌笑孔丘

哈尔滨出版社
HARBIN PUBLISHING HOUSE

图书在版编目 (CIP) 数据

李白传 / 张婷婷著 . -- 哈尔滨 : 哈尔滨出版社，
2024. 12. -- ISBN 978-7-5484-8222-2

Ⅰ. K825.6

中国国家版本馆 CIP 数据核字第 20244V3C34 号

书　　名：**李白传**
LIBAI ZHUAN

作　　者：张婷婷　著
责任编辑：李维娜
封面设计：周　飞
内文排版：张艳中

出版发行：哈尔滨出版社（Harbin Publishing House）
社　　址：哈尔滨市香坊区泰山路 82-9 号　　邮编：150090
经　　销：全国新华书店
印　　刷：三河市刚利印务有限公司
网　　址：www.hrbcbs.com
E-mail：hrbcbs@yeah.net
编辑版权热线：（0451）87900271　　87900272
销售热线：（0451）87900202　　87900203

开　　本：880mm×1230mm　1/32　　印张：8　　字数：210 千字
版　　次：2024 年 12 月第 1 版
印　　次：2024 年 12 月第 1 次印刷
书　　号：ISBN 978-7-5484-8222-2
定　　价：42.00 元

凡购本社图书发现印装错误，请与本社印制部联系调换。
服务热线：（0451）87900279

序

　　如果随意找些人让他们说出最喜欢的诗人的名字，答案多数是李白；如果评价哪个大唐文人最具有仙气和魅力，只能是李白；如果从众多诗坛泰斗中选出一个人代表中华诗词的巅峰，一定是李白。

　　上下五千年的华夏历史中，李白的确是特立独行的一个。他是从天庭贬下凡间的太白金星，白衣飘飘、道骨仙风，骑着仙鹿遍访名山大川，谈笑间繁花似锦，挥毫处蓝田生烟。

　　有时他很狂放，"仰天大笑出门去，我辈岂是蓬蒿人"；有时他很风光，"昔在长安醉花柳，五侯七贵同杯酒"；有时他很孤独，"花间一壶酒，独酌无相亲"；有时他很洒脱，"旷然小宇宙，弃世何悠哉"；有时他很快乐，"人生得意须尽欢，莫使金樽空对月"；有时他也很伤感，"平生不下泪，于此泣无穷"。

　　一千个人眼中有一千个哈姆雷特，一万个人眼中有一万个李太白。

　　有人笑他才高八斗，却一事无成；有人批他恃才放旷，难成大器；有人瞧不起他做赘婿谋生，靠朋友请客吃饭，还总是摆出一副很清高的架势；有人不解他的执念，笑他总以管、晏自居，一生誓做良相帝王师，衰朽残年还痴心不改。

　　更多的人喜欢他的真性情，"安能摧眉折腰事权贵，使我不得开心颜"；欣赏他的自信心，"长风破浪会有时，直挂云帆济沧海"；佩服他的豪爽劲，"天生我材必有用，千金散尽还复来"；羡慕他的凌云志，"大鹏一日同风起，扶摇直上九万里"。

　　李白是个失败者，他的仕途一直都是"蜀道之难，难于上青天"，布衣卿相梦至死未圆；但他也是一个成功者，"笔落惊风雨，诗成泣鬼神"，是华夏五千年中最飘逸洒脱的"诗仙"。

李白并不完美，然而李白终究是李白，无可替代。

我对李白的喜爱，始于诗词，忠于才华，陷于个性。

儿时初读李白的《静夜思》，也是我与他的缘起。李白在我心中，就是一个年轻的白衣书生，站在窗前看着清冷的月光，唱着满腹的乡愁；上学时背着李白的《蜀道难》《梦游天姥吟留别》，一边惊叹他天马行空的想象，一边又暗自埋怨他写的诗歌又长又难背，慨叹前学何必为难后学；长大后再读他的《将进酒》《月下独酌》，才发现这个狂放达人的背后，竟然也藏着无尽的苦闷、孤独与悲凉。

少时不解太白意，读懂已是诗中人。

经历了人生中的无数次碰壁，我才真正懂得什么是"欲渡黄河冰塞川，将登太行雪满山"，什么是"但见泪痕湿，不知心恨谁"，什么是"抽刀断水水更流，举杯消愁愁更愁"……

原来，我们现在所遇到的生活、工作、情感等方方面面的痛苦，李白早在一千多年前都已一一尝过，所以才会写下如此让人感同身受的诗歌，与古今知音共赏。

总有人说李白的诗词太飘逸，个性太洒脱，想象太奇特，像个高高在上的仙人，令我们这些凡夫俗子望尘莫及。但通读李白的诗歌，细品李白的人生，我们就会发现，他也和我们一样凡心未定、尘缘未了、壮志难酬，徘徊在理想与现实之间，挣扎一生。

不一样的是，他从不真正摆烂妥协，更不会因为阻力重重而放弃梦想，他就像一个越挫越勇的战士，只要有一线机遇，他都会全力争取和把握，生命不息，追梦不止。

当你被现实重重击溃时，当你为生计摧眉折腰时，当你受到领导打压、同事排挤后偷偷哭泣时，当你满腹委屈向世界大声抱怨不公平时，不妨读一读李白的诗歌，或许你可以从中找到一个渡口、一缕光亮、一个温暖的拥抱、一片鼓励的掌声、一个继续走下去的理由。

本书将从不同的视角，以李白的诗词风格为经，人生经历作纬，豪爽不羁的真性情为主线，为读者展现一个真实灵动又丰满鲜活的李太白，一个壮志难酬却又自得其乐的谪仙人，一个不断碰壁又踏浪而行的追梦者，一位遗世独立又难忘红尘的青莲居士，一只折了翅膀也要上九天揽月的大鹏鸟。

"兴酣落笔摇五岳，诗成笑傲凌沧洲。"读李白之诗，燃希望之光，愿此书能让更多迷茫的眼看清这复杂多变的世界；让更多彷徨的心，找到东山再起的力量。

卷四
山水谣——飞流直下三千尺

—— 卷六 ——
酒仙——人生得意须尽欢

卷一 少年行——银鞍白马度春风

少年不负英雄志，挥剑饮马走天涯。

梦指引的方向很遥远，但在星光的映射下，

也别样闪亮。

第一章
临风一咏诗

01　太白金星转世

李白做梦也没有想到，他一个失意的诗人，竟然能在千年之后还那么火。

龙年除夕，西安城上，火树银花，笑语欢歌。人山人海中，但见一中年书生，白衣如雪，笑声朗朗，飞舞在半空中吟诵诗词，惊艳全场。

顿时，男女老少目不转睛，异口同声与其共和："君不见，黄河之水天上来，奔流到海不复回；君不见，高堂明镜悲白发，朝如青丝暮成雪。人生得意须尽欢，莫使金樽空对月。天生我材必有用，千金散尽还复来……"

没错，他就是李白。

电影《长安三万里》中潇洒的李白，化为金翅大鹏鸟的李白，和华夏儿女共庆新春的李白，一个可爱可敬又可亲的李白。那一刻，最亮的一朵烟花被他点燃了；那一刻，十四亿观众激动的心被他点燃了；那一刻，华夏民族魂璀璨的光被他点燃了。

李白到底有何魅力？竟然被誉为前无古人、后无来者的"诗仙"。李白的诗词到底有何魅力？竟然可以妇孺皆知，流芳百世，一咏千年。李白的身上有太多的浪漫与神秘，一切，都源于一个奇幻的梦。

公元 701 年 2 月 28 日，西域碎叶的一个大户人家热闹异常，很多乡邻提着礼物前来庆贺李家弄璋之喜。李夫人望着襁褓里酣睡的儿子，想起了昨天晚上做的那个奇怪的梦。

夜色阑珊，李夫人正在闭目休息，忽觉眼前一片金星闪烁，睁眼一看，一道快似闪电、亮似流星的金光正向她急速飞来。李夫人还未来得及闪躲，忽听见半空中响起一个洪亮的声音："我乃太白金星转世，被贬到凡间渡此一劫，特借你儿皮囊一用，我将助他妙笔生花，成为绝世文豪。这是你李家的造化，好好珍惜！"夫人听后又惊又喜，忽觉腹中一阵灼热，仿佛真有什么东西钻入一样，转瞬间又恢复如初。

李夫人猛地睁开眼睛，坐起身来，只见窗外繁星点点，一树李花开得格外娇艳，洁白若雪、皎无纤尘。她轻轻抚摸着自己高高隆起的肚子，想着刚才做的梦，不觉莞尔一笑。

半夜时分，李夫人感到腹部剧痛难忍，一阵阵呻吟声惊醒了睡在下房的丫鬟："夫人要生了，快去找稳婆！"所有人闻讯后都迅速穿好衣服，忙碌起来……

东方欲晓，"哇哇"的哭声划破上空，李夫人果然产下一个男婴，面如冠玉、眼似寒星。李老爷听了夫人讲的梦，虽然觉得蹊跷，但也认为这就是天意，于是将儿子取名为李白，字太白。

02 不一样的富二代

李白的身世一直是个谜，一千多年过去了，至今也无人破解。

他曾在《赠张相镐》一诗中自报家门："本家陇西人，先为汉边将。功略盖天地，名飞青云上。"于是世人脑洞大开，纷纷解谜。

有人说他是飞将军李广的后人，也有人说他老家在陇西成纪，是西凉武昭王李暠的九世孙，和当今皇帝还是同宗。

古代许多无名之辈，为了让他人刮目相看，故意说自己是某位英雄或帝王的后人，李白也不例外。他长大后四处干谒，借祖宗的光提高自己的身份，为自己的履历增光。

李白的家谱从未曝光，以上两种猜想是真是假难以考证。所以，此题无解。至于李白到底是西域碎叶人还是四川绵阳人，也没有史料可考。比较公认的说法是，他生于西域碎叶，五岁时随父亲李客举家南迁来到蜀地落户。关于李客的记载不多，在李白的碑文中只说他"以逋为邑，遂以客为名，高卧云林，不求禄仕"。

据说李客曾在碎叶杀过人，所以逃到四川定居，从此更名改姓，以经商为生，不求功名。李白的族人也多以经商为主，生活富裕，在当地也是大户。李白在族中排行十二，所以亲朋好友会亲切地叫他"李十二"。

虽然有关李白的身世我们一直找不到一个明确的答案，但可以想象，他是个富二代，五岁前在西域，受外来文化和思想的影响，血液里充满了叛逆和浪漫。李白桀骜不驯、自命不凡、藐视权贵、挥金如土，都因家庭富养给予了他十足的底气。

神龙元年，也就是公元705年，一代女皇武则天驾崩，大唐江山重新回到李氏的手里。国家正是用人之际，李白的父亲看儿子天资聪慧过人，于是让他读书习字，即使不能参加科考入仕，也可以凭才学在世间扬名。是金子总会发光的，长安城那么大，将来必有李白的一席之地。

孔子十五岁才发奋读书，李白可是比他早了整整十年。小李白可谓神童，"五岁诵六甲，十岁观百家"，从小饱读诗书，满腹经纶。李客非常欣喜，把他送到学堂请老师严格调教。

顽皮爱玩是小孩子的天性，小李白也不例外，他也有逃学的故事。在南宋祝穆的《方舆胜览》中，曾记载着这样一个有趣的故事。

相传小李白在四川眉山的象耳山上读书时，因读书不顺，便弃学了。在弃学途中，他路过一条小溪，看见一位白发老妪正拿着一根大铁棒在溪边的大石头上用力地磨着。

小李白很好奇，走上前歪着小脑袋问道："老婆婆，您这是在做什么啊？"老婆婆很认真地说："我在磨一根绣花针。"小李白大吃一惊："这么粗的铁棒，要磨成那么细小的针，得用多长时间啊？"老婆婆却说："只要不断地磨下去，就一定会成功的。"

小李白听后恍然大悟，自己因为一点点挫折就半途而废，以后怎么能成大器呢？于是他向老婆婆深施一礼，便转回身继续上山学习，从此再也不敢偷懒和放弃。

后来，"只要功夫深，铁杵磨成针"成为鼓励历代学子发奋读书的座右铭，经久不衰。

03　牛刀小试

"十五观奇书，作赋凌相如"。少年李白勤奋聪慧，他的诗赋文笔流畅、思路新奇，得到当地不少社会名流的赞赏和推荐。

在五代王仁裕编写的《开元天宝遗事》中记载，李白年少时曾做过一个神奇的梦，梦见自己所用之笔的笔头上竟然开出一朵大花，色彩缤纷、光艳夺目。从此他提笔就文思泉涌，诗文一气呵成，且文采飞扬、豪情奔放，李白很快就名扬天下。看来，李白能妙笔生花，出口成章，自有天神相助，果然是谪仙转世啊！

715年，十五岁的李白望着皓月当空，想起边塞戍守的士兵，心生感怀，于是留下了传世的第一首诗。

初月

玉蟾离海上，白露湿花时。
云畔风生爪，沙头水浸眉。
乐哉弦管客，愁杀战征儿。
因绝西园赏，临风一咏诗。

月儿刚从水上升起时的倩影，与娇艳的花朵、闪光的露珠遥相辉映，如诗如幻，渲染着一阵朦胧的气氛。但这种安静和美好的氛围很快又被风浪打破，风儿仿佛生出锋利凶猛的爪子，将天边的云裳撕扯得粉碎，而沙洲中的冷气也扑面而来，浸湿了诗人的眉毛。

远远地传来羌笛之声，时而悠扬婉转，时而凄冷销魂。船上的客人们欣赏着歌舞升平，爆发出一阵阵刺耳的欢声笑语；而诗人则联想到，若是边塞的战士们也听到这悠悠的笛声，一定会想起家乡的亲人，有家难归，有业未成，只能黯然神伤。年少的李白，与征人产生了强烈的共鸣，已再无心欣赏西园的美景，而是对着江天皓月幽怨徘徊，临风吟咏。

辛弃疾曾在词中说："少年不识愁滋味，爱上层楼，爱上层楼，为赋新词强说愁。"而少年李白眺望天际月，心忆边关人，诗中意境与范仲淹的"羌管悠悠霜满地，人不寐，将军白发征夫泪"有异曲同工之妙。何等广博的襟怀，何等高远的思想境界，让人不得不对这个只有十五岁的少年刮目相看。

诗中有景物烘托，也有借月抒怀，有视听不同角度的巧妙转换，也有客人与征人们的鲜明对比，结尾一处更是让人浮想联翩，心生共情，仿佛诗人就站在我们面前，眉宇间流淌着无奈，眼眸中又闪烁着光芒。

很多纨绔子弟，整日不学无术，只知吃喝玩乐，而李白却写诗论文，苦练剑术，文武兼修。他希望有一天能辅佐在天子身边，做一个像诸葛孔明一样的贤相，鞠躬尽瘁，死而后已；或者化身像飞将军李广一样的大英雄，跨上骏马，驰骋疆场，保家卫国，建功立业。

天赋加努力，富裕的生活加豪迈的精神，让李白从小就出人头地，自信昂扬。少年李白，站在高山之巅，迎着猎猎秋风，眺望着万里之外的长安城。

第二章
少年负壮气

01 少年行

少年自有凌云志，不负黄河万古流。李白从小就志存高远，常在诗词中体现他的抱负和追求，这一组《少年行》就是很好的代表作。

少年行（其一）

击筑饮美酒，剑歌易水湄。

经过燕太子，结托并州儿。

少年负壮气，奋烈自有时。

因声鲁句践，争情勿相欺。

击筑、弹剑都是古老的音乐方式，在战国时期十分盛行。高渐离本是战国末期的乐师，善于击筑，一日他在集市上偶遇荆轲，二人一拍即合，于是结为好友，常在一起击筑狂歌。

公元前 227 年，荆轲奉燕国太子丹的命令，带着樊於期的人头和燕国督亢一带的地图前往秦国，履行刺杀秦王嬴政的使命。易水之畔，高渐离为荆轲击筑送别，荆轲和之："风萧萧兮易水寒，壮士一去兮不复还。"高渐离知道，此行既是生离，亦是死别。虽有不舍，但他也只能含泪相送。果然，荆轲刺杀失败，被乱刀砍死在大殿之上。

荆轲死后，高渐离隐姓埋名，想尽办法为好友报仇。即使被秦王弄瞎双眼，仍然将铅灌入琴内，伺机向秦王用力投去。只可惜因眼盲没有击中，最终被秦王所杀。

莫笑精卫填沧海，莫以成败论英雄。虽然荆轲与高渐离的刺秦行动都以失败告终，但他们之间的友情感天动地、流芳千古。

荆轲是一个勇士，但并不是一介莽夫。他能屈能伸、心胸广阔。邯郸城有一个叫鲁句践的人，在与荆轲博弈时曾对其大声斥责，但荆轲什么也没说，默默地转身离去。这个默默离去的背影，足见荆轲的大格局。李白在诗中化用荆轲的典故，既是对英雄的敬仰，也表明了自己和荆轲有相同的志向与心胸。

少年行（其二）

五陵年少金市东，银鞍白马度春风。
落花踏尽游何处，笑入胡姬酒肆中。

如果说第一首诗写的是朋友间的情义，那么第二首诗则写出了五陵少年的浮华生活。

看过动画电影《长安三万里》或者去过西安"大唐不夜城"的朋友，一定会领略到长安城的热闹与繁华。白天商贾贸易往来不断，车水马龙络绎不绝，八方来客中还有许多外国朋友，人们一起涌入长安城，只为一睹它的盛世风采。而到了晚上，火树银花，灯红酒绿，欢笑声、歌舞声、碰杯声、行令声此起彼伏，人们欢聚一堂，觥筹交错，在这里尽享一世繁华。

诗中的"五陵"原是指汉代五个皇帝的陵墓，后来用"五陵少年"代表那些聚居长安的公子哥，他们青春年少、挥金如土、鲜衣怒马、踏花疾行，相当的放浪不羁。

李白笔下的"五陵少年"中，或许也有他自己的影子。当年，他曾带着万两黄金到长安城玩乐，纵酒狂欢、美女做伴、一掷千金、不醉不归。年轻时的李白，真是太潇洒了！

少年行（其三）

君不见淮南少年游侠客，白日球猎夜拥掷。

呼卢百万终不惜，报仇千里如咫尺。

少年游侠好经过，浑身装束皆绮罗。

兰蕙相随喧妓女，风光去处满笙歌。

骄矜自言不可有，侠士堂中养来久。

好鞍好马乞与人，十千五千旋沽酒。

赤心用尽为知己，黄金不惜栽桃李。

桃李栽来几度春，一回花落一回新。

府县尽为门下客，王侯皆是平交人。

男儿百年且乐命，何须徇书受贫病。

男儿百年且荣身，何须徇节甘风尘。

衣冠半是征战士，穷儒浪作林泉民。

遮莫枝根长百丈，不如当代多还往。

遮莫姻亲连帝城，不如当身自簪缨。

看取富贵眼前者，何用悠悠身后名。

再看第三首，诗人让我们看到的则是真正的少年郎。他们表面上纵享浮华、纸醉金迷，实际上豪爽仗义、千金不惜。

为了朋友，他们可以两肋插刀，也可以解囊相助，甚至倾尽所有，将自己的良马银鞍全部送上，眼都不眨一下，就是这么大方。而这些人平时也喜欢结交天下好友，除了王侯将相、达官显贵，也有才子佳人、书生游侠。诗人希望年轻人要靠自己的本事建功立业，不必为了眼前的荣华富贵，攀着裙带关系上位，而辱没了一世英名。

三首《少年行》虽然不知是何年何月所作，但不难看出诗中有李白年轻时洒脱的身影，这应该是他初到长安时的亲身经历和有感而发，尚未碰壁，也未入赘，所以字里行间充斥着扬扬得意和年少轻狂。

鲜衣怒马，驰梦天涯。《少年行》组诗中洋溢着他的梦、他的歌、他的酒、他豪爽的笑声、他不屈的骨气。

02 笑尽一杯酒

　　唐朝时期"游侠之风"盛行，特别是陇西一带流传"融胡汉为一体，文武不殊途"的风尚，让无数少年都喜欢剑术，志做游侠，李白也是其中的一个。

结客少年场行

紫燕黄金瞳，啾啾摇绿鬃。
平明相驰逐，结客洛门东。
少年学剑术，凌轹白猿公。
珠袍曳锦带，匕首插吴鸿。
由来万夫勇，挟此生雄风。
托交从剧孟，买醉入新丰。
笑尽一杯酒，杀人都市中。
羞道易水寒，从今日贯虹。
燕丹事不立，虚没秦帝宫。
舞阳死灰人，安可与成功。

　　唐玄宗开元二十三年（735 年），三十五岁的李白正在洛阳游历，用乐府旧题写了一首豪情万丈的新诗。

　　宝剑赠英雄，好马配志士。有着金黄色的眼珠的紫燕马是罕见的宝马良驹，它们对天长嘶，似乎是在呼唤可以驾驭自己的主人。

　　洛阳门外，有一翩翩少年骑着高头大马飞速驶来，别样威风。他锦衣玉带、腰配宝剑、武功高强，比传说中的"白猿公"还要厉害。此人性情豪爽、重情重义，就像《水浒传》中的梁山好汉，路见不平一声吼，风风火火闯九州。

　　少年心高气傲，瞧不起没有完成刺秦使命的荆轲；而对于一见秦王就脸色大变的秦舞阳，他更是不屑一顾，谁愿意与见不了大场面的胆小鬼共成大事？李白对少年身上的傲骨英气非常仰慕和敬佩，少年也欣赏李白的爽快和飘逸，二人一见如故结为好友。

"男儿何不带吴钩，收取关山五十州。"李白虽然羡慕豪侠少年，但他不想做江湖侠客，而是志做布衣宰相或塞外将军，只可惜一直没有机会实现。三十五岁正是人生建功立业的大好年华，他却四处碰壁，拜谒无门，前程一片渺茫，内心也翻卷着无奈的浪花。

这首诗既写出了洛阳少年侠士的洒脱与豪气，同时也表明李白的志向与抱负，并流露诗人壮志难酬的悲愤之情。但尽管如此，全诗还是充斥着雄健霸气的气势，更好地凸显了李白的豪侠气质和不羁精神。

03　十步杀一人

很多朋友都是看金庸、古龙的武侠小说或影视作品长大的，大多数男生心中都曾有过一个潇洒的武侠梦，即使出走半生，仍然对其心驰神往。正如歌手许巍在《曾经的你》中唱道："曾梦想仗剑走天涯，看一看世界的繁华。"

李白从小也有一个侠客梦，但并非笑傲江湖。他自年少始苦练剑术多年，希望有一天能像飞将军李广一样封狼居胥，勒石燕然。

李白的剑术到底有多厉害，如今的人自然无法真正见识到。但有诗文说他："托身白刃里，杀人红尘中""少任侠，手刃数人"等描述虽然有些夸张，但也应是出手不凡，单挑三五个小毛贼应该没什么问题。据说李白的袖子中时常藏着一把匕首用来防身，看来他在江湖上行走多年，即使不是武林高手，也绝非等闲之辈。

侠客行

赵客缦胡缨，吴钩霜雪明。

银鞍照白马，飒沓如流星。

十步杀一人，千里不留行。

事了拂衣去，深藏身与名。

闲过信陵饮，脱剑膝前横。

将炙啖朱亥，持觞劝侯嬴。

三杯吐然诺，五岳倒为轻。

眼花耳热后，意气素霓生。

救赵挥金槌，邯郸先震惊。

千秋二壮士，烜赫大梁城。

纵死侠骨香，不惭世上英。

谁能书阁下，白首太玄经。

何谓侠者？司马迁在《史记·游侠列传》中说："然其言必信，其行必果，已诺必诚，不爱其躯，赴士之厄困，既已存亡死生矣，而不矜其能。"而荀悦则在《汉纪》中说："立气齐，作威福，结私交，以立强于世者，谓之游侠。"

侠义之士有福同享，有难同当。他们来去如风，除暴安良，但这只是侠之小者。而像金庸笔下的郭靖，为了国家和百姓的利益将个人恩怨荣辱与生死置之度外，才是侠之大者。很显然，李白想成为的正是后者。

战国时的侠客，雄姿英发、武功高强。但他们行侠仗义后却潇洒离去，不计功利，有的甚至改姓埋名，退隐江湖。壮士们义薄云天、气贯长虹的英雄气概，让李白敬佩至极，他宁可做纵然死去侠骨犹香的英雄，也不愿做平庸一生白头著书的穷苦儒生。

信陵君"窃符救赵"的故事世人皆知，他听取了侯嬴的计策，偷来魏王的兵符，又让朱亥举铁锤冲锋在前，击毙魏国人将晋鄙，这才解除邯郸被困的燃眉之急。

信陵君听信了门客的建议，才最终化险为夷。李白腹中也有许多治国之策，却不知与谁共商，让他倍感落寞。他学剑术，并不是想做武林高手，也不是想做江侠湖豪，而是想成为一个文韬武略兼具的全才，既可居庙堂之高，又可处边疆之远，辅佐帝王江山永固，成就一番霸业。

此诗作于唐玄宗天宝三年（744 年），李白刚被赐金放还，正在齐州游历。诗人从侠客的装束、兵刃等方面起笔，展现出他的英武威猛；而后又赞颂侠客的武功高强、品行高洁，并化用信陵君重用侯嬴、朱亥的典故，进一步歌颂了侠客的义勇，也委婉地表达了自己的政治抱负。结尾四句赞颂了侠客虽败犹荣的精神万古流芳，毫不逊色于那些功成名就的英雄。全诗抒发了李白对侠客的倾慕和赞叹之情，同时也表达了自己对拯危济困、建功立业的向往，侠气贯彻全诗始终，读罢令人心生敬佩。

第三章
无人知所去

01 寻隐者不遇

道教是中国土生土长的宗教，四川是道教的发源地，从鹤鸣山到青城山，到处可以看到各种各样的道观，可谓是"五里一宫，十里一观"。

李白从小耳濡目染，自然对道教也产生了浓厚的兴趣。他听说戴天山上有个道士道行高深，很想当面请教，于是兴致勃勃地上山去拜访。

访戴天山道士不遇

犬吠水声中，桃花带露浓。
树深时见鹿，溪午不闻钟。
野竹分青霭，飞泉挂碧峰。
无人知所去，愁倚两三松。

青山如黛，泉水飞歌，桃花娇艳，含情脉脉，远远还能听到犬吠的声音夹杂在潺潺的流水声中，让这座山更显得幽静和神秘。

李白一大早就出发了，沿着蜿蜒的山路拾阶向上，在密林的深处看见一只小鹿正在溪边悠闲地饮水，旁边并不见道长的影子。李白笑问："仙鹿，你家主人哪里去了？"小鹿似乎听懂了他的问话，对他摇了摇头，意思是"不知道"，而后又淘气地跑到山林之间和李白玩起了捉迷藏。李白寻鹿寻不到，寻人也寻不到，只好继续向山上走去。

正午时分，李白离山上的道观越来越近，但仍然没有听到打钟的声音，心中好生奇怪："莫非，道长不在观中？"李白登上山顶，但见悬泉如白练倒垂，高挂于翠绿的山峦之间，跳动着的洁白闪亮的水花，似琼玉碎雪，再加上四周青竹的映衬，更显示出无比的清幽。李白伫立在飞瀑前默默地观瞧，刚才登山时的辛苦和劳顿全都烟消云散，胸中则洒满了一片清爽。

道观隐于竹林尽头，李白忙加快了脚步，却只在院中遇到了几个小道童。他们对李白深施一礼道："仙师出门了，不知去往何处，也不知几时而归，先生您还是改日再来拜访吧！"李白很扫兴，又不甘心就这样下山，只好倚着松树一边看风景，一边静静地等着。可是等了很久，还是不见道长归来，李白只好长叹一声转身下山，希望以后有机会再来拜访。

这首五律写得清新脱俗、自然晓畅，既有山林之美景，又有寻道之雅兴。特别是"无人知所去，愁倚两三松"二句，与贾岛的"只在此山中，云深不知处"有异曲同工之妙，令人回味无穷。

02　语来江色暮

虽然李白在戴天山没有遇到道长，但他并没有气馁。他听说有一个姓雍的尊师道行也很深厚，于是又高高兴兴地上山求访。幸运的是，这一次李白不仅遇到了尊师，还与其聊了很久，获益匪浅。

寻雍尊师隐居

群峭碧摩天，逍遥不记年。
拨云寻古道，倚石听流泉。
花暖青牛卧，松高白鹤眠。
语来江色暮，独自下寒烟。

"尊师"是对道士的尊称,虽然我们对这位姓雍的道长并不熟悉,但从诗中可以看出他隐居在悬崖峭壁之上,不知其年岁,也不知其来历,更显其十分神秘、道行无边。

李白去寻找尊师并不容易,山路崎岖,需要不断地向上攀登才能觅到山中幽径。李白一边沿着山路而行,一边听着山间泉水的歌唱,走累了就倚着青石歇息片刻,呼吸一下山中清新的空气,尝一尝山间甘甜的泉水,顿时觉得心旷神怡,元气满满。

暖暖的花香中,青牛在草地上懒洋洋地卧着,闭着眼休息,仿佛被这花草的清芬所陶醉;而松林的枝头,仙鹤也在栖息,一卧一眠何等悠然,一低一高多么和谐。原本活泼的生灵一下子静谧下来,让此地又多了几分惬意,令人如痴如醉,流连忘返。

李白遇到了尊师相聊甚欢,谈笑间不知不觉暮色已沉,不得不起身告辞。下山的路上他又忍不住回首望去,但见山间寒烟缭绕,别样深幽,道观和尊师隐于云霭之间,不见踪迹。

全诗寥寥四十字,却仿佛是一段生动有趣的短视频,将李白仰慕、上山、赏景、笑谈、下山、回眸等镜头一一清晰地展现在读者眼前,有声有色,有动有静。年轻的李白不断求索,终于聆听到了尊师的教诲,解开了心中的谜团,又被这里的山水洗礼身心,真是不虚此行。

03 青天骑白龙

李白对道教情有独钟,自然也结交了不少志同道合的好友。其中有一个在嵩山相识的隐士,多次出现在李白的诗中,被尊称为"杨山人"。

天宝年间,李白偶遇杨山人,羡慕他随时可以隐居或者出游,自在逍遥如闲云野鹤,于是在送别时写下这首诗,相约日后嵩山再见。

送杨山人归嵩山

我有万古宅，嵩阳玉女峰。
长留一片月，挂在东溪松。
尔去掇仙草，菖蒲花紫茸。
岁晚或相访，青天骑白龙。

李白当年曾拜访过嵩山，"万古宅"不是他的居所，却是他的向往之地。这里月光如水、松柏交映，和隐者高洁的志趣不谋而合。而李白又想象着好友在山上采摘仙草时的样子，更有仙人的风采。

李白很羡慕老友自在逍遥的生活，希望多年后的自己也能驾着白龙、乘着清风拜访老友，二人在蓝天白云中同游，在青山绿水间并行，何等爽快。

人到中年的李白好不容易到了皇帝身边，但日子过得并不舒心，所以十分羡慕老友的自在生活。终于有一天，李白忍无可忍，向皇帝递上辞呈，没想到皇帝欣然应允，还给足了盘缠，于是李白离开了曾经梦寐以求的长安城，开启了自由之旅。

既然当不了官，那就去成仙吧！李白对入道一直十分向往和重视，四处拜访尊师。他听说嵩山有位焦炼师颇有声望，于是前去拜访，并登上了最高的三十六峰。但这位女道士就像仙风一样无影无踪，无处可寻，所以李白只好写了一首诗寄给她，希望能有机会当面请教。

赠嵩山焦炼师

嵩丘有神人焦炼师者，不知何许妇人也。又云生于齐梁时，其年貌可称五六十。常胎息绝谷，居少室庐，游行若飞，倏忽万里。世或传其入东海，登蓬莱，竟莫能测其往也。余访道少室，尽登三十六峰，闻风有寄，洒翰遥赠。

二室凌青天，三花含紫烟。

中有蓬海客，宛疑麻姑仙。

道在喧莫染，迹高想已绵。

时餐金鹅蕊，屡读青苔篇。

八极恣游憩，九垓长周旋。

下瓢酌颍水，舞鹤来伊川。

还归空山上，独拂秋霞眠。

萝月挂朝镜，松风鸣夜弦。

潜光隐嵩岳，炼魄栖云幄。

霓裳何飘飖，凤吹转绵邈。

愿同西王母，下顾东方朔。

紫书倘可传，铭骨誓相学。

在嵩山上有一个道骨仙风的奇女子，她美丽聪慧，宛如蓬莱麻姑，此人正是传说中的焦炼师。据说她生于齐梁年间，至今已有二百多岁了，可看上去竟似只有五六十岁一般，风韵依旧，神采奕奕。

她住在高山之间，沐浴天地之精华，心如明镜台，不惹半点儿尘埃。饥饿时，她以花蕊为食；闲暇时，她则以青苔为卷。神游八极，恣意寰宇，苍穹浩渺，无所不及。有时，她会骑着仙鹤四处云游，早出晚归，行踪莫测。明月在古藤间高悬，夜晚松风呖呖如鸣琴弦，而她则身披霓彩云霞，仙袂飘飘，与凤凰同歌共舞。

李白在这首诗中利用大胆的想象，描绘了焦炼师的神奇和魅力，表达了对其的仰慕之情。他甚至还骄傲地自称为东方朔，希望焦炼师与西王母一起下凡来看望他，可见李白是多么的轻狂和自恋。或许正因如此，这封信寄出后犹如石沉大海，李白既没有收到回音，也没有见到焦炼师的庐山真面目，只好将这份遗憾深深埋在心底。

李白自称是太白金星转世，天生就有一个道士梦。在电影《长安三万里》中就有这样的场景，李白将"道箓"系在手腕上，绕着法坛一圈圈地行走，接受天地的考验，最终"道箓"加身，成了一名真正的道士。而在现实中，李白虽然没有经历如此夸张的考验，但也完成了正规的授箓仪式。"五岳寻仙不辞远，一生好入名山游。"李白虽然只是初级门生，但毕竟入了道，圆了年少时的道士梦。

但"入道"与"成仙"还相差十万八千里，而李白又"尘心"未定，总想着有机会入仕为官，一展雄才抱负，所以，他这个道士难以成仙，最终还是转回凡尘。

第四章
峨眉山月半轮秋

01　携手凌白日

只有站得高，才能看得远。"孔子登东山而小鲁，登泰山而小天下。"二十四岁的杜甫科考落榜后云游四海，遥望泰山时发出了"会当凌绝顶，一览众山小"的誓言。可刚刚加冠的李白，在登上高高的峨眉山后，不想"更上一层楼"，而是想入仙界，访仙道，练仙术，与仙人同游，这究竟是为何？

四川峨眉山是中国四大佛教名山之一，有"峨眉天下秀"之美誉。关于它名字的由来，在《峨眉郡志》中曾有这样的记载："云鬟凝翠，鬓黛遥妆，真如螓首蛾眉，细而长，美而艳也，故名峨眉山。"

唐玄宗开元八年（720 年），二十岁的李白正在蜀地游学。他曾两次登上高高的峨眉山，如临仙境。

登峨眉山

蜀国多仙山，峨眉邈难匹。
周流试登览，绝怪安可悉？
青冥倚天开，彩错疑画出。
泠然紫霞赏，果得锦囊术。
云间吟琼箫，石上弄宝瑟。
平生有微尚，欢笑自此毕。

烟容如在颜，尘累忽相失。

倘逢骑羊子，携手凌白日。

蜀国多仙山，但没有能和峨眉山相媲美的。登上顶峰，极目
远眺，大好风光尽收眼底。青翠的山峰与天比肩，彩云环绕下的
五彩斑斓如同出自画中，李白也被这梦幻交织的景色深深陶醉，
有种飘然若仙的感觉。

独坐在高山之巅，清风在耳边轻语，李白从怀里掏出一支玉
箫轻轻吹起，呜呜咽咽的箫声在山谷间回荡，又缓缓地飘到了天
上。李白兴致正浓，又在山石间弹起宝瑟，声音如鸣佩环，响彻
空谷。

李商隐曾在诗中云："锦瑟无端五十弦，一弦一柱思华年。"而
李白想的不是青春做伴，而是羽化成仙。他的脸上染上了紫霞的色
彩，身上弥漫着云雾的气息，尘世间的所有烦恼全都抛到九霄云
外，身体也别样轻盈舒爽，仿佛张开双臂凌空一跃就可以化鹤飞
翔。如果能遇上骑羊的仙人那就再好不过了，李白一定会与他携手
并肩，纵上高空，凌日环游仙境，随风飘飘，天地任逍遥。

李白真的是想成仙吗？不，此时的他风华正茂，正是青春有为
的大好时机。"成仙"后的生活过于安逸，坐享舒适的状态对他来
说好似提前退休，并不是第一追求。

李白年轻的胸膛中，还跳动着一颗火热的心，澎湃着奋发向上
的力量，希望能有朝一日实现他的凌云志，做到真正的一鸣惊人。
只不过时机尚未成熟，他暂时投靠无门，又不愿意与世俗同流合
污，所以才会有这种出世成仙的梦想。

年轻有盼，未来可期，机会总会垂青有准备的人。于是李白收
拾好行囊，整装再出发。

02　思君不见下渝州

724 年的秋天，24 岁的李白踏上了"仗剑去国，辞亲远游"的
远游之路，乘着小船沿着长江顺流而下，又路过了峨眉山，看到羞

月高悬，想到楚辞中的"月出皎兮，佼人僚兮。舒窈纠兮，劳心悄兮"，不由得也脱口而出一首小诗。

峨眉山月歌

峨眉山月半轮秋，影入平羌江水流。
夜发清溪向三峡，思君不见下渝州。

李白在蜀地生活了二十多年，对峨眉山倍感亲切，二十四岁的他即将第一次远离故土，孤身闯天涯，自然会流露出难舍难分之情。

诗人先从仰视的角度去看天上明月，因为是分离，所以并非满月，而这半轮婵娟足以照亮诗人前行的路与思乡的心。

月本是娴静的，可当月影映入到潺潺的流水中，则又变成了动态的幻影。而诗人的视角也从仰视变成了俯视，低头静静凝视这水中的倩影，似美人浅笑，若玉玦生烟，江水与月光交相辉映，宛如琉璃，更显空灵澄澈。

从清溪到三峡，漫漫前路道阻且跻，可年轻的李白豪情万丈，心中的梦想也像这滚滚长江一样奔腾不息。路越行越远，家乡的影子越来越模糊，诗人的小舟伴着滔滔不绝的江水直下渝州，奔向远方。诗人的视角也从俯视变成了远眺，江水无边，远山无崖，船在不断地向前奔跑，而李白的心也随着这水中飞舟一并向梦想进发。

整首诗充满着流动感，就像诗人难以停止的脚步、难以平息的心情一样波澜起伏。但诗的每一句又都没有着力，一切都是那么简单自然、浑然天成。难怪明代凌宏宪在《唐诗广选》中夸赞这首诗："如此等神韵，岂他人所能效颦？"

03　仍怜故乡水

都说好男儿志在四方，年轻气盛的李白也壮志在胸，希望能闯出一片属于自己的天地。于是他提着宝剑，顺流而下，去寻找自己梦中的诗意与远方。

李白和许多年轻人一样，第一次拜别父母，独自到外面闯荡，内心也充满了喜悦、自豪、好奇与不安。楚地是李白的第一个目的地，在那里，有他想见的山水、想访的名士、想交的朋友。当小船行到荆门山时，楚地的大门已经向他敞开了热情的怀抱。

渡荆门送别

渡远荆门外，来从楚国游。
山随平野尽，江入大荒流。
月下飞天镜，云生结海楼。
仍怜故乡水，万里送行舟。

意气风发、豪情满怀的李白，早就听说楚地人杰地灵，恨不得肋生双翅，早日到达。当他伫立船头，看到两岸山脉蜿蜒起伏、平原沃野一望无际、江水浩渺奔涌向前的雄浑景色时，内心也惊喜激动万分。

诗人此时的笔触仿佛是摄影师的镜头慢慢地向前推移，让流动的江水不仅涌入宽阔辽远的原野，也涌入了读者的视野。一"随"一"入"化静为动，不仅让画面的意境辽阔高远，也让读者的心房变得海阔天空，尽情舒展。

月亮仿佛一面耀眼的明镜从天而降，直落入水中化作如璧的月影，亦真亦幻。而白天的景象更为奇丽，高空中云霞明媚，变幻莫测，形成了海市蜃楼的壮美之景。

真的有海市蜃楼，还是作者的奇思幻想，我们无法判断。但我们可以从中看到李白那颗浪漫诗意的心，在天上任意西东，自在飞歌。一黑一白、一俯一仰、一静一动，让我们看到了楚地大山大河的奇丽景色，让人目不暇接，如痴如醉。但是，如此神奇瑰丽的风光，并没有让李白乐不思蜀。多情的故乡水舍不得远行的李白，一路追随而来，难分难离。

　　到底是李白舍不得故乡水，还是故乡水舍不得李白呢？看似是文字游戏，却足见李白的顽皮和聪慧、浪漫与多情。他移情于物，假借故乡水之名以示思念，将淡淡的乡愁融入水波荡漾，将其柔柔地包围。

　　天在山之外，一身琉璃白，江水送他千里之外。李白挥一挥衣袖，作别水中的月华和西天的云彩……

第五章
孤帆一片日边来

01　朝光散花楼

"青春少年是样样红，可是太匆匆，流金岁月人去楼空，人生渺渺在其中……"每当听到黄安的这首老歌，很多人常会想到自己的青葱岁月。青春的小鸟一去不复返，所以才要倍加珍惜。就像《金缕衣》中所言："花开堪折直须折，莫待无花空折枝。"

青春是美丽的，更应是充实的，每一天都不可虚度。所谓"读万卷书，行万里路"，都是人生不断修行的必经之路。不去观世界，哪来的世界观；没有见识和经历，又如何敢向未来发起挑战？

花样年华的李白，读书、练剑、周游各地。这一天，他来到了成都有名的散花楼，这座由隋末蜀王杨秀所建的楼宇，气势雄伟、富丽堂皇。李白身在其中，遐思天外。

登锦城散花楼

> 日照锦城头，朝光散花楼。
> 金窗夹绣户，珠箔悬银钩。
> 飞梯绿云中，极目散我忧。
> 暮雨向三峡，春江绕双流。
> 今来一登望，如上九天游。

一轮红日当空，霞光万丈，仿佛给散花楼披上一件七彩的霞帔，分外璀璨夺目。金色的窗棂，雕花的门户，镶嵌珠玉的窗帘两侧悬挂着明亮的银钩。楼内的陈设不必细说，仅这一窗的华美就足以想象内部的富丽堂皇。

李白沿着台阶一步步走上楼顶极目远观，蜀山青，江水碧，曾经的不适意也都付诸东流，仿佛自己就是那山间的一抹云，自然地舒展、变幻、随心所欲、自由自在。

傍晚时分，潇潇暮雨洒江面，融入长江之中滚滚向前。清清爽爽的风，拨响银亮的琴弦，仿佛在倾诉内心的思念，又好像在吟唱离人的愁怨。

春江潮水似乎也与其产生了共鸣，伸出柔软的双臂，将锦官城轻轻地拥入怀中，送她一帘幽梦。李白张开双臂，仿佛化身一只仙鹤，徜徉于九重云霄，优哉游哉。

这首诗形象鲜明、意境开阔、辞藻华丽、开合自然，让我们看到了意气风发的李白自信满满，渴望能在不久的将来一鸣惊人，一飞冲天。

02　两岸青山相对出

725 年，李白离开蜀地已一年有余。在楚地他拜访了名家，结识了新伴，游历了山水，开阔了眼界。于是他又继续乘舟前行，寻找更广袤的天地。这一天，他的小舟来到了安徽芜湖的天门山。

天门山位于长江两岸，东边的这座叫东梁山（又称博望山），西边的那座叫西梁山（又称梁山），远远望去，真的像两扇高大的天门相对而立，又好似两个威风凛凛的巨灵山神镇守着长江，别样壮观。

在清代的《江南通志》中曾有过详细的记载："两山石状晓岩，东西相向，横夹大江，对峙如门。俗呼梁山曰西梁山，呼博望山曰东梁山，总谓之天门山。"

当年轻的李白第一次看到天门山时，立即被眼前的景象惊呆了。小船随着波涛穿过天门山，向远处踏浪而行，李白不禁脱口而出一首绝句。

望天门山

天门中断楚江开，碧水东流至此回。
两岸青山相对出，孤帆一片日边来。

楚江之水就像一把巨斧，劈开山门，汹涌向前，浩浩荡荡，势不可当。当愤怒的波浪冲撞击打着两岸青山，势必掀起惊涛骇浪，卷起千堆雪，不仅奇险，而且壮观。

这样的开场，直接将全诗的气势都提了上来，颇为豪迈。李白很聪明，先借山势写水之壮阔，再借水势写山之雄奇，相互映衬，彼此渲染，更凸显出诗人独特的视角与传神的笔法。

两岸青山相对移动，随着江水的奔涌扑面而来，越来越近，越来越高大。在巍峨挺立的两山之间，波澜起伏的长江水面，一叶孤舟被映衬得是那么的渺小，而它却能乘风破浪，从容而过，在水天相接处踏浪前行，以喷薄的日出为背景，以喧嚣的浪潮为音乐，红日、白帆、青山、绿水，色彩鲜艳，动静结合，别有一番诗情画意。

二十六岁的李白，心中装满了大山大河，他向往着自由，又追寻着梦想，就像那风浪中的小舟，满载希望，扬帆远航。年轻的李白就是要做一个时代的弄潮儿，既然选择了远方，便只顾风雨兼程。

03　仰攀日月行

小桥，流水，人家。杏花，春雨，江南。

725 年，李白初至金陵，就仿佛走入了名家的水墨丹青画。而当他看到了著名的瓦官阁后，又怀古感今，思绪万千。

登瓦官阁

晨登瓦官阁，极眺金陵城。

钟山对北户，淮水入南荣。

漫漫雨花落，嘈嘈天乐鸣。

两廊振法鼓，四角吟风筝。

杳出霄汉上，仰攀日月行。

山空霸气灭，地古寒阴生。

寥廓云海晚，苍茫宫观平。

门余阊阖字，楼识凤凰名。

雷作百山动，神扶万栱倾。

灵光何足贵，长此镇吴京。

瓦官阁又叫升元阁，为南朝梁武帝所建。因其在瓦官寺中，所以名曰瓦官阁。

瓦官寺位于金陵秦淮河畔，始建于东晋，距今约有一千七百年的历史，是我国最古老的寺庙之一。它原是东晋开国元勋王导设立的官办陶场，后来陶场移至他处，僧人们就请求在此地建庙，而当地百姓习惯将陶官称为瓦官，所以建成的寺庙被称为瓦官寺。寺中有许多重要的佛经、石刻和佛像，其中顾恺之的《维摩诘像》、狮子国（今斯里兰卡）进贡的白玉佛像、戴逵父子雕刻的"狮子铜像"并称为"瓦官三绝"。

"南朝四百八十寺，多少楼台烟雨中。"南朝帝王们大兴土木，广建寺院，梁武帝也派人在瓦官寺内修建高 240 尺（约 60 米）的瓦官阁，冠绝江东。

晨光熹微，李白早早起床，穿戴整齐，来到瓦官寺，一步步登上古老的青石台阶，仿佛在聆听历史的回音。走了很久才来到最高处，放眼而望，金陵城尽收眼底。

寺庙的北边，就是巍峨高耸的钟山，而南面的阁檐正对着的则是"年年自落潮"的秦淮河。诗人的视角由远及近，由高到低，让呈现在我们眼前的这座古寺，坐落在山水之间，散发着历史的气息，更显肃穆庄严、高峨巍耸、卓尔不群。

僧人们齐诵经书的声音在寺庙中回荡，钟磬合鸣此起彼伏，木鱼声笃笃锵锵，各种声音交织在一起，没有人指挥，却成了最动人的梵音交响乐,如天籁齐鸣,令人神往。伴随着钟磬音,两侧的庙廊里鼓声阵阵,大殿飞檐下的风铃也在风中低吟,仿佛在与鼓声和鸣。诗人由视觉又转入听觉的角度,将我们带到了寺庙特有的音乐氛围中,如闻佛语,醍醐灌顶。

寺庙楼顶高耸入云,似乎伸手就可摘星够月。而不远处的钟山则低调地沉默不语,像一个安详的老人静静地注视着眼前的一切。钟山又称紫金山,三国时期孙吴孙权在建业(南京)建都,并在蒋陵湖(今玄武湖)操练过水军。而后东晋与南朝的四国相继在此建都,故金陵又有"六朝古都"之美誉。而六朝时期的建康宫是当时华夏规模最大、最壮丽雄伟的宫殿,史书上称其"穷极壮丽,冠绝古今"。

然而岁月变迁,往日威风已化尘埃,过去的亭台楼阁都已经成为时光的追忆,盛日不重来。而今云海涌动,雾气缭绕,似乎要将楼阁吞没。远处的亭台越来越模糊,唯有匾额上的"阊阖""凤凰"等字依稀可见。

古往今来,多少殿宇被雷电所毁,被风雨所蚀,而瓦官阁却屹立几百年完好无损,似有神人相助,让其香火不断,钟鼓长鸣。若问那灵光宝殿到底有多珍贵?它就是金陵城的保护神。护佑山河无恙、百姓安康、风调雨顺、天地吉祥。想到此处,李白不禁又重整衣襟,向大殿佛像的方向再躬身施礼,虔诚一拜。

"少年何妨梦摘星,敢挽桑弓射玉衡。"李白年少时也有很多梦,侠客梦、成仙梦、入仕梦、建功梦,他就像一只羽翼渐丰的飞鸟,在天地间自由盘旋,一边欣赏自然之灵秀、人工之壮美,一边又寻觅更广阔的天地、扶摇直上的契机。

卷二 追梦人——大鹏一日同风起

繁花不染君子道，大鹏自有飞鸣时。

山高路远，素履可往。既然选择了远方，就不必畏惧风浪。

第一章
丈夫未可轻年少

01 莫笑少年狂

李白才学过人，志比天高。但因是商人子弟，无缘科举，只好四处拜谒名士权臣，希望能得以重用。开元八年（720年），二十岁的李白在益州遇到了人生的第一位导师——苏颋。

苏颋是当时名震一时的大人物，官至礼部尚书，他奉命出京，以益州大都督府长史的身份到四川成都任职。恰好在蜀地游学的李白怎能错过此良机，赶紧呈上自己的书稿，毛遂自荐，这也是李白人生的第一次干谒。

苏颋非常和气亲民，对李白以布衣之礼相待。他十分赞赏李白的才学，并对群僚说："此子天才英丽，下笔不休，虽风力未成，且见专车之骨。若广之以学，可以相如比肩也。"如此高的评价真让李白受宠若惊，司马相如一直是李白的偶像，而苏颋的这番言论更让他信心十足。李白高兴得连连拜谢，辞别伯乐后，又乐呵呵地继续漫游了。

苏颋大人虽肯定了李白的文学才华，却没有对他的政治前途作出预判，似乎在暗示以他的性情并不适合做官。然而李白一生都想踏入仕途实现布衣卿相梦，经历了太多次的碰壁后，李白才听懂了苏颋的弦外之音。

李白初露锋芒，光艳照人，但并不是所有的名流学士，都愿意做他的伯乐。这一天，李白来到渝州刺史李邕的府邸拜谒，没想到竟然吃了闭门羹。

李邕性情豪爽、仗义执言，不仅书法一流，而且德才兼备，也是当时的名士。他看到李白投递的文章，字里行间都充满着傲气和清高，不禁眉头一皱："毛头小子，无足挂齿，年少轻狂，难成大器。"对于这类自命不凡、不知天高地厚的年轻后生，李邕见得多了。他将书稿递给下人："把这个还给李白，打发他走吧，告诉他以后不用再来了。"

李白胸中的热情被李邕浇透，他心中愤愤不平，一把夺过书稿，回到客栈后提笔作诗一首，夹在拜谒信中，而后又让人转交给李邕，表达内心的不满和自己的雄心壮志。

上李邕

大鹏一日同风起，扶摇直上九万里。
假令风歇时下来，犹能簸却沧溟水。
世人见我恒殊调，闻余大言皆冷笑。
宣父犹能畏后生，丈夫未可轻年少。

大鹏乃是庄子笔下的神鸟，可以凭借六月之风飞上九万里的高空。即使没有足够的风力辅助大鹏飞向南溟，它也会掀起惊涛骇浪，力巅沧溟，同样令世人惊叹折服。李白以大鹏鸟自比，足见他强大的自信。

李白言语轻狂，遗世独立，世人对其褒贬不一。孤陋寡闻的人，笑其奇谈怪论、不合时宜，对其冷嘲热讽、大加贬低；但真正有眼光的人，却发现他潜力无穷、未来可期。李白面对轻视自己的李邕冷冷一笑，以孔夫子都能称后生可畏为由，提醒受他人敬仰的李大人可不能瞧不起自己这样的年轻人。

李白很聪明，他给李邕设了一个选择题：您若是看不起我，就和世间的凡夫俗子一般无二；您若是赏识我，就和孔圣人不谋而合。李白太狂妄，题目直书《上李邕》，对大人直呼其名，一点儿都不避讳，言语中锋芒毕露，叫板痕迹明显，可谓是初生牛犊不怕虎；李白又太有才，他从庄子入笔，又以孔子结束，在道家和儒家中进退自如，尽显非凡的心胸、志向和才华。

这一首拜谒诗可比前几首敲门诗的力度总和还要大，李邕看罢哈哈大笑，心中大喜：孺子可教也！

20年以后，李白与杜甫再次拜谒李邕，境遇与初次相见截然不同。那时的李白已经成为名震长安的大才子，李邕对他的才华也十分欣赏，二人不计前嫌结为忘年交。当李邕被奸相李林甫害死之后，李白悲愤至极，曾多次在诗中对其不屈的风骨表示敬佩："北海李使君，飞章奏天庭。舍罪䜿风俗，流芳播沧瀛""君不见李北海，英风豪气今何在"……字里行间，有仰慕，有愤慨，也有追忆。

苏颋和李邕的不同态度，只是世态万千的一粒沙，让年轻的李白在坎坷中不断磨砺锋芒，在鼓励中不断自信自强，就像那飞天的大鹏，无论风疾还是风缓，都要在天地间爆发强大的力量，闪耀灿烂的光芒！

02 裸袒青林中

世人皆说李白飘逸若仙、遗世独立，写诗、饮酒随心所欲，狂浪不羁。其实他在日常生活中也是我行我素、无拘无束，甚至还喜欢"暴露"，与大自然来个坦诚相见。

夏日山中

懒摇白羽扇，裸袒青林中。
脱巾挂石壁，露顶洒松风。

盛夏烈日炎炎，很多人都喜欢用扇子摇出几许清凉。李白却懒得轻摇羽扇，干脆摘下帽子，脱光衣服，赤裸着身子躺在草坪上，这才是真正的清爽舒坦。

衣帽都是人的外层皮囊，以达到遮羞和美观的效果。无论是在礼教森严的封建社会，还是在提倡文明和谐的当今时代，大白天赤身裸体实属不雅。而李白追求个性自由，不受礼教左右，所以才不畏世俗眼光，赤条条地行走于山林之间，沐习习清风，闻阵阵松香，还敢于将此事写诗公之于众，真是既大胆又豪放。

无独有偶，有一个"前辈"和李白有着相同的癖好，他就是魏晋"竹林七贤"中的品酒第一人——刘伶。

据《世说新语》中记载，刘伶身高六尺、容貌丑陋、沉默寡言、不善交际，最大的嗜好就是饮酒。他每天都驾着一辆载满美酒的小鹿车，漫无目的地四处游荡，边走边喝，并告诉家丁："你们几个扛着铁锹跟在我后面，我要是喝死了，就地埋了便是。"这就是"鹿车荷插"的典故。

刘伶还有一个癖好，就是喜欢赤身裸体。他在家中喝得酩酊大醉后喜欢脱光衣服，歪躺在院子里一边悠闲地晒着太阳，一边拿着小酒壶继续自斟自饮，还美其名曰："这天地就是我的屋子，这房子就是我的衣裤，有什么大惊小怪的？"当有邻居跑来看热闹时，他又笑着说："咦，你们怎么跑进我的裤子里来了？"

如此看来，李白和刘伶真的很像。一样才华横溢壮志难酬，一样酷爱喝酒无止无休，一样喜欢裸体不畏世俗，一样放荡恣肆热爱自由。

不同的是，刘伶酒醉后喜欢倒头大睡，而李白则能斗酒诗百篇，文字浪漫奇绝，想象天马行空，相比之下李白更胜一筹。难怪明代爱国诗人于谦在《醉时歌》中称赞："刘伶好酒称世贤，李白骑鲸飞上天。"

03　诗成笑傲凌沧洲

734年，李白乘舟游江夏（今湖北武汉），他站在船头，远眺黄鹤楼，心儿随着天边的沙鸥自由翩跹，穿越古今。

江上吟

木兰之枻沙棠舟，玉箫金管坐两头。
美酒樽中置千斛，载妓随波任去留。
仙人有待乘黄鹤，海客无心随白鸥。

屈平辞赋悬日月，楚王台榭空山丘。

兴酣落笔摇五岳，诗成笑傲凌沧洲。

功名富贵若长在，汉水亦应西北流。

"江上吟"是李白独家原创的歌行体，而这首七言古诗，也是他在江上即兴的有感而发，更能体现出李白喷薄而出、势不可当的才气和豪情。

木兰是名贵的香木，可以制船桨。屈原曾在《九歌》中写道："桂棹兮兰枻。"李白乘坐着以木兰为桨、以沙棠制身的小船，旁边有美女弹唱、佳人斟酒，好不享受。众所周知李白的父亲经商，家境富足，所以李白喜欢划船胡姬也不足为奇。

但李白不是一般的酒色之徒，他心中的世界常人难以想象。他不贪恋早日成仙，更愿与飞鸟相伴，在人世间自由盘旋。

楚国的三闾大夫屈原虽已沉入江中难寻踪迹，但他写的诗词歌赋却变成一朵朵美丽的兰花万古流芳，而他的爱国情怀也化作高大的橘树屹立千年，与日月并存。可笑的是楚王费尽心机，耗尽大量物力、财力搭建的楼台宫殿都毁于一旦，淹没于荒草丛中，成为岁月遗留下的一片片残骸。

相比之下，还是李太白最随性洒脱。落笔之处可撼动三山五岳，诗成之气可笑傲湖海江河。功名富贵在他眼中都是浮云，如果这些俗物可以长久，那恐怕汉江水都要倒流，太阳也将从西边升起。

李白的这首诗既藐视了富贵，又凸显了自己清高伟岸的情操。他舍不下人间的安逸生活，更希望能在红尘中脱颖而出，摇身化为帝王师，成就一番丰功伟业。

第二章
笑而不答心自闲

01　就不告诉你

开元十五年（727 年），二十七岁的李白娶了唐高宗时期的宰相许圉师的孙女许紫烟为妻，从此在湖北安陆定居。

入赘的感觉并不太舒服，几年后，李白拜谒无门，于是带着妻子来到白兆山（又称碧山）桃花岩隐居，每日耕种、读书，面朝山河，春暖花开。

这一日，李白闲来无事，在山中一边悠闲地漫步，一边吹着口哨与鸟儿嬉戏。如此年轻就在山中隐居，自然容易引来一些人的非议。有人忍不住拦住李白问道："这位兄台相貌不凡、气宇轩昂，为何年纪轻轻偏偏要在这山中隐居，不去考一考功名，或到花花世界看一看呢？"李白听罢沉默不语，对着那个人神秘地一笑，而后扬长而去。风轻轻地吹在他的脸上，舒舒服服，又在他的心中洒下一片清凉，松松爽爽。

桃花飘飘、落英缤纷、溪水迢迢、清波逶迤，多像陶渊明笔下的桃花林。此中别有天地，人间罕见，宛若仙境，常人是难以体会到这种美丽与乐趣的。这世间有太多的凡夫俗子，只知随波逐流，争名夺利，怎能和满怀雄心壮志的自己相提并论？李白想到这里，又是微微一笑，继续吹着口哨，下山而去。

山中问答

问余何意栖碧山，笑而不答心自闲。

桃花流水窅然去，别有天地非人间。

这首诗只有短短的四句，却暗藏了诗人太多的梦想和内心独白。首先题目就很有趣，诗名为《山中问答》，一作《山中答俗人》，但实际上李白并没有回答一个字，只是一笑了之。而李白又称对方为"俗人"，而不是"路人"，可见他的态度就是答案。

一个"俗"字，已把李白与常人的界线划分清楚，二者之间这场特殊的"对话"，更体现了他的桀骜不驯、清高孤傲、率真可爱。俗人提问，李白却故意不答；非但不答，偏要微微一笑；而这一笑，又暗藏着太多的玄机，有故意卖关子的幽默，有秘而不宣的高深，有不屑置辩的轻狂，也有引人深思的智慧，增加了全诗的趣味性和诗人的神秘感，妙哉妙哉！

一个"笑"字耐人寻味，一个"闲"字也别样考究。有人会联想到李涉的"偷得浮生半日闲"，也有人会想到苏轼的"但少闲人如吾两人者耳"，前一种是闲适，后一种是悲凉，而李白的"闲"则在二者之间。时机尚未成熟，梦想尚未能圆，李白虽有遗憾但还是信心满满，仍有闲情雅致醉心山水，静待花开。所以才会报以神秘一笑，言外之意就是燕雀安知鸿鹄之志，不屑与其争辩罢了。

"窅然"是幽深的样子，这里指江水远逝。桃花伴流水，可能有人看到会觉得凄婉，李白却认为这是很正常的自然现象，不可逆，也不必悲。正因为美好的事物不易长久，所以需及时行乐。李白看到的是世外桃源一样的曼妙景象，所以才会惊叹"别有天地非人间"。而他在此山中，自然已成为仙人，仙人又何必与俗人解释那么多呢？

年轻气盛，却壮志难酬，李白入赘也是无奈之举。但他又是个要面子的人，所以隐居也是以退为进，既可远离喧嚣，落个耳根清净，又可安心读书，积蓄实力，为他日拜谒再做准备。

02 鲁地老顽固

李白在安陆生活十年，也曾到周边城市干谒。但年近不惑的他，不但没有等到合适的机遇，妻子许氏又因病早逝，命运给了李白双重的打击。

妻子死后，李白不能再留在许家，只好带着一双儿女来到鲁地瑕丘（今山东兖州）开始新生活。这里毗邻孔子的家乡曲阜，是古九州之一，历史悠久，文脉流长。李白也想会一会圣人的后代，与他们好好切磋一下，没想到见到这些儒生后，竟然大失所望。

嘲鲁儒

鲁叟谈五经，白发死章句。
问以经济策，茫如坠烟雾。
足著远游履，首戴方山巾。
缓步从直道，未行先起尘。
秦家丞相府，不重褒衣人。
君非叔孙通，与我本殊伦。
时事且未达，归耕汶水滨。

鲁地的儒生，似乎圣贤书读得太多，脑子僵化了，一个个装腔作势，不知变通。李白请教一些老先生有关治国之道的想法，没想到他们只会摇头晃脑地背"子曰诗云"，满嘴讲仁义礼智，但多是泛泛之谈，根本无法和当今时政相结合。李白长叹一声："唉！读了一辈子圣贤书，表面上是满腹经纶，其实是一肚子陈词旧法，不合时宜。"

这些人不仅思想守旧，穿着打扮也很"复古"，脚蹬着文履，头戴着方巾，袖子又肥又大，走路拖地，轻轻一挥便尘土飞扬。早在秦朝秦始皇焚书坑儒时，就禁止读书人穿肥大不便的衣服。而现在的鲁地竟然到处都是这类穿着宽衣、不知变通的书虫，他们和李白没有共同语言，与时代也不接轨，就像被汉代博士叔孙通嘲笑的目光短浅的鲁生一样，即使以后做了官也是个只认死理的蠢官，这样的人，还不如早点回家种地。

全诗一个"嘲"字贯穿始终，讽刺气息满满。多年来李白常常云游各地，见识广，经历多，思想也在不断地更新和进步，看到顽固不化的鲁地儒生自然不顺眼，批评更是一针见血、入木三分。

虽然李白很尊敬孔子，但是他认为儒家思想需要与时俱进才能发扬光大，而当地的儒生们，尤其是那些老学究，只知一味地死抠书本，过于迂腐落后，不懂与时代洪流相辅相成，让李白失望透顶，不甘与此类人为伍。

03　欺人太甚

在兖州生活了一段时间，李白发现当地儒生十分迂腐，不屑与之同行。而他的格格不入和放荡不羁，又受到当地人的白眼与讥笑，令李白很委屈和气愤。最让他生气的是连问个路都要被白发老叟嘲讽，李白忍无可忍，直接反击。

五月东鲁行答汶上君

五月梅始黄，蚕凋桑柘空。
鲁人重织作，机杼鸣帘栊。
顾余不及仕，学剑来山东。
举鞭访前途，获笑汶上翁。
下愚忽壮士，未足论穷通。
我以一箭书，能取聊城功。
终然不受赏，羞与时人同。
西归去直道，落日昏阴虹。
此去尔勿言，甘心为转蓬。

梅子金黄、菜花雪白的时节，蚕宝宝吃饱了桑叶开始作茧自缚，吐出雪白银亮的细丝。家家户户都忙着纺线织布，"唧唧复唧唧"，机杼声响个不停。

鲁人重视桑蚕纺织，李白也没有闲着。尚未有机会入仕，读书与学剑就是李白眼前最重要的两门功课。他听说山东有位剑术大师名叫裴旻，很想去登门拜访从师学艺，希望练就一身本领，有朝一日也可驰骋疆场杀敌报国。

拜访裴旻的途中，李白遇到一个白发老翁，便拱手施礼向老人家问路。没想到老翁听说李白要向裴旻学剑，竟然耻笑他自不量力。李白十分生气，不再默默忍受任其羞辱，而是大声反驳表示抗议："有些人就像《愚公移山》里的那个智叟，顽固不化，你这老翁就是这种人，怎么能懂得我的壮志雄心、宏图大略呢？我只是生不逢时，难寻伯乐而已，我也能像《史记》中记载的鲁仲连一样，一箭射书取聊城，只不过羞于与世俗之人相同罢了！你也不必多言，长安城我是一定要去的！"李白说罢，不等老翁回应，早已策马扬鞭，长啸而去……

　　李白本来就对鲁地儒生有所抵触，而今又被老翁嘲笑，心中自然不服气。他的前半生的确运气不佳，满身才华却无人问津，入赘官室偏妻子早亡，想学剑术又遭人白眼，着实有些憋屈。

　　长安城是李白想要实现梦想的地方，即使千难万险他也不会退缩。机会总是留给有准备的人，他不想再等了，决定主动出击，向长安进发。

第三章
蜀道之难，难于上青天

01　仰天大笑出门去

李白在鲁地暂居时受人嘲讽，但天无绝人之路，在好友丹丘生和玉真公主等人的极力推荐下，玄宗终于答应见一见这位享有盛名的诗人，于是下诏令他入京。

南陵别儿童入京

> 白酒新熟山中归，黄鸡啄黍秋正肥。
> 呼童烹鸡酌白酒，儿女嬉笑牵人衣。
> 高歌取醉欲自慰，起舞落日争光辉。
> 游说万乘苦不早，著鞭跨马涉远道。
> 会稽愚妇轻买臣，余亦辞家西入秦。
> 仰天大笑出门去，我辈岂是蓬蒿人。

李白的第一任妻子许氏，曾为其生下一双儿女，儿子叫伯禽（乳名明月奴），女儿叫平阳。许氏死后，李白带着两个孩子北上山东，人生地疏，儿女尚幼，他心中的苦楚难以言表，常常一个人半夜独酌怀念亡妻，也慨叹英雄无用武之地的自己……

在鲁地，不惑之年的李白娶了第二任妻子刘氏。刘氏原以为李白既有才又有钱，嫁给他风流又快乐，却不想他放荡不羁，有才却无处可用，有钱不是买酒就是会友，对自己也是不冷不热，渐渐心生怨意。

再多的爱慕也抵不过生活的重负，时间久了，刘氏经常对李白冷嘲热讽，二人关系越来越不和谐，日子在吵闹中延续。李白曾在《雪谗诗赠友人》中写道："彼妇人之猖狂，不如鹊之强强；彼妇人之淫昏，不如鹑之奔奔。"他化用《诗经》中的诗句，来讽刺刘氏目光短浅、语恶言狂。

当李白听到玄宗诏他入京的消息后，心中狂喜，忙奔回南陵的家中，把这个喜讯第一时间告诉家人。他喊来童子炖鸡斟酒，刘氏也喜笑颜开，亲自下厨做了几道拿手好菜庆贺。孩子们高兴地牵着他的衣襟，嬉笑吵闹个不停。李白喜不自胜，载歌载舞，恨不得立即跃上千里马，一夜奔入长安城。

在诗中，李白巧妙地化用了《汉书·朱买臣传》中的典故。朱买臣本是会稽山下一个普通的穷书生，人到中年仍科举不中，妻子崔氏再也忍受不了这种苦日子，逼他写休书。朱买臣苦劝无果，只好答应。几年后朱买臣得皇帝赏识，衣锦还乡，改嫁他人的崔氏跪在朱买臣的马前后悔不已，被朱买臣用一盆凉水浇醒了想要破镜重圆的美梦。

朱买臣宽宏大量，不计前嫌，把崔氏夫妻带到自己府中管吃管住，好酒好菜地招待。崔氏愧疚难当，一个月后自尽而死。民间又借此编出《马前泼水》的戏曲作品讽刺崔氏，警示世人：覆水难收，有些过错是没有机会再弥补的。

在诗中，李白将对自己冷嘲热讽的妻子和世俗小人比作"会稽愚妇"，又自比为衣锦还乡的朱买臣，希望进入长安后也能平步青云，扶摇直上，实现自己的政治抱负。

全诗以兴开篇、直抒胸臆、用典巧妙、匠心独运，李白把心中的喜悦、不平、埋怨、骄傲、得意等多种复杂的情感，一层层地发泄出来，波澜起伏、跌宕强烈，让全诗更加磅礴多姿、热切奔放、浑然一体。

02　蜀道难

李白五岁就随家人来到了四川生活，从小就熟知蜀道有多难，而他为踏上仕途又奔波几十载，自然也明白人心险于山川的道理。

天宝元年（742年），李白奉旨入京，恰逢好友王炎将要入蜀，深谙世事无常的李白写下了这首著名的《蜀道难》，借蜀道之雄奇险峻来暗中规劝好友，不要贪恋羁留蜀地太久，早日回归长安，免得被小人陷害。

蜀道难

噫吁嚱，危乎高哉！蜀道之难，难于上青天！
蚕丛及鱼凫，开国何茫然！
尔来四万八千岁，不与秦塞通人烟。
西当太白有鸟道，可以横绝峨眉巅。
地崩山摧壮士死，然后天梯石栈相钩连。
上有六龙回日之高标，下有冲波逆折之回川。
黄鹤之飞尚不得过，猿猱欲度愁攀援。
青泥何盘盘，百步九折萦岩峦。
扪参历井仰胁息，以手抚膺坐长叹。
问君西游何时还？畏途巉岩不可攀。
但见悲鸟号古木，雄飞雌从绕林间。
又闻子规啼夜月，愁空山。
蜀道之难，难于上青天，使人听此凋朱颜。
连峰去天不盈尺，枯松倒挂倚绝壁。
飞湍瀑流争喧豗，砯崖转石万壑雷。
其险也如此，嗟尔远道之人胡为乎来哉！
剑阁峥嵘而崔嵬，一夫当关，万夫莫开。
所守或匪亲，化为狼与豺。
朝避猛虎，夕避长蛇。
磨牙吮血，杀人如麻。
锦城虽云乐，不如早还家。
蜀道之难，难于上青天，侧身西望长咨嗟！

蜀道到底有多难？答案是，比登天还要难。自蚕丛、鱼凫开国以来，再到大秦王国，常人都难以通过。四万八千岁有些夸张，但也说明了蜀道历史悠久，增添了它的神秘感和厚重性。

为了说明蜀道的来历，诗人引用了《华阳国志·蜀志》中的一个典故。秦惠王知道蜀王荒淫好色，于是就进献五个美女做礼物，假借增进两国之间的友情为名，想要打通入蜀之道，伺机而攻之。

昏庸的蜀王欣然同意，特派五个壮士前去迎接。没想到回来的路上遇到一条大蛇于丛林间突然钻出，而后又一头扎入山洞中，只露出一条巨大的尾巴在外面不断地摇摆。一个壮士率先冲了上去，用力去拉蛇尾，但凭一己之力难以将其拽出。其他四人见了，都跑过来帮忙，只听"轰隆轰隆"几声巨响，山崩地裂，岩石飞溅，壮士和美女全都被埋于山下。而大山也因此被分成五个部分，这就是后来的"五岭"。

从此，群山峻岭之间也有了狭长而陡峭的山路，这就是传说中的"蜀道"。

眼前的蜀道简直高不可攀，上有悬崖遮天蔽日，下有深谷激浪回旋，展翅的黄鹤难以飞过，敏捷的猿猴不能攀缘。山路十八弯崎岖蜿蜒，山间野兽出没、悲鸟乱鸣，让人心惊胆寒。特别是半夜时分，月光阴森、野兽哀嚎，让人毛骨悚然。驻守的官员叫苦不迭，路过的人也追悔莫及，此地真是太险峻恐怖了！

李白对蜀道加以生动逼真地描绘，让我们如同身临其境。巍山怪石在我们面前高耸，看不见尽头的山道逶迤向上，难以攀缘；山中凄厉的风声、水声、鸟兽声此起彼伏，让人望而却步，两股战战，心惊肉跳，目不敢睁。

全诗写作笔法虚实结合、变换自如、语言崛奇、瑰丽浪漫，让人读后不禁拍案叫绝，难怪贺知章读此诗后惊呼李白为"谪仙人"。

第四章
安能摧眉折腰事权贵

01 古来万事东流水

梦想就像一笼刚出锅的粉蒸肉，糯香爽滑、肥嫩可口；而现实却像是被人冷落的羊蝎子，食之无肉，弃之可惜。

李白入仕之路崎岖多险、千回百转，犹如这蜀道之难。但他无惧山高水长，只顾阔步向前，最终凭布衣素履和满腹才学，一步步登上了天梯，在不惑之年来到长安，侍奉于天子身边。

李白自认为有管仲、乐毅之才，本想成就凌云志，做布衣卿相治国平天下，万万没想到，自己入宫后竟然沦落成为取悦皇帝和妃子的御用写手，要么写歌功颂德的诗篇，要么编冠冕堂皇的歌谣，要么作花前月下的艳调，真是无聊至极。

时间久了，李白开始消极怠工，玄宗看着他常常一副醉醺醺的样子也对其日渐冷落。天子无视，小人排挤，李白在长安过得越来越憋屈，最终上交了辞呈，玄宗也不多做挽留，赐金放还。

李白挥一挥衣袖，作别长安城，回到山东家中和儿女小聚了一段时光。但李白不愿总是赋闲在家，于是又萌生出游历四方的想法。这首《梦游天姥吟留别》就是李白与当地好友辞行时所作，所以又名《别东鲁诸公》。

梦游天姥吟留别

海客谈瀛洲，烟涛微茫信难求。
越人语天姥，云霞明灭或可睹。

天姥连天向天横，势拔五岳掩赤城。

天台四万八千丈，对此欲倒东南倾。

我欲因之梦吴越，一夜飞度镜湖月。

湖月照我影，送我至剡溪。

谢公宿处今尚在，渌水荡漾清猿啼。

脚著谢公屐，身登青云梯。

半壁见海日，空中闻天鸡。

千岩万转路不定，迷花倚石忽已暝。

熊咆龙吟殷岩泉，栗深林兮惊层巅。

云青青兮欲雨，水澹澹兮生烟。

列缺霹雳，丘峦崩摧。

洞天石扉，訇然中开。

青冥浩荡不见底，日月照耀金银台。

霓为衣兮风为马，云之君兮纷纷而来下。

虎鼓瑟兮鸾回车，仙之人兮列如麻。

忽魂悸以魄动，恍惊起而长嗟。

惟觉时之枕席，失向来之烟霞。

世间行乐亦如此，古来万事东流水。

别君去兮何时还？

且放白鹿青崖间，须行即骑访名山。

安能摧眉折腰事权贵，使我不得开心颜！

　　天姥山位于浙江省绍兴市新昌县，关于她名字的由来，有两种说法。一是形似，远看天姥山，形若天上的王母；二是传说登临绝顶，可以隐约听到天姥的歌声。它层峦叠嶂，峰谷交错，宛若东南眉月，有"越中胜景"之美誉，也是唐朝以来道家所向往的仙山福地。

　　李白到底有没有登临过天姥山，至今还是个谜。但他借梦游作诗，让其名扬天下，引八方来客竞相拜访。诗仙不愧为诗仙，这影响力不言而喻。

　　现实中的天姥山并不很高，主峰拨云尖海拔不足 900 米。但是在李白的笔下，它却顶天立地、高不可测，可与蓬莱仙山相媲美。五岳和赤城山都要向它行礼，就连四万八千丈的天台山，见了它也要鞠躬致敬，李白用对比和夸张的手法突出了天姥山的高峻挺拔、气势雄伟。

李白梦游吴越，施展水上轻功即可横渡宽广无边的镜湖，月仙嫦娥亲自为他引路，飞了整整一夜才来到剡溪。夜色下的水面，如宝匣初开，明亮耀眼；皓月如琉璃，光照明镜台。李白用浪漫的笔调让自己的清影飘舞于江面之上，宛若神仙下凡。

清晨时分，李白脚踏谢公同款木鞋，沿着高耸入云的天路向上攀登，半路上听到天鸡报晓，看见海日喷薄，上下一白，天地同辉。山间重岩叠嶂、花团锦簇、泉水倒挂、飞瀑直下。深谷寒林、怪石嶙峋、虎啸猿啼、龙吟不已。这哪里是凡间峰峦？分明是天上仙山！

傍晚时分，云归穴冥，天公欲雨，雾霭风生，电光石火，万钧雷霆，仙府石门，訇然大开，但见琼楼玉宇，金瓦瑶台，日月齐光，神人腾空，霓虹作裳，御风驰骋，老虎鼓瑟，鸾鸟驾车，仙人如麻，列队而行。李白正欲和仙人们打声招呼，请他们一起饮酒，突然听到一声巨响，睁开眼睛才发现竟是一场美梦。

人生如梦，梦如人生。梦中神殿开，仙人舞；梦醒百花香，山月明。这是一首记梦诗，也是一篇访仙记，更是一篇挑战书。它是李白受尽委屈后的反抗，更是追求自由快乐的宣言。

李白用虚实结合的手法，描绘了天姥山的奇幻景象，而结尾处的青崖白鹿，则表达了诗人热爱自由、藐视权贵的心声。长短句交错中，回荡着李白对权贵的蔑视、对现实的不满、对自由的呼唤、对未来的向往。

李白梦游仙山，落笔则成天书，摇山撼海惊魂，热烈雄浑奔放。此诗打破留别诗的哀婉陈调，富有纵横肆意的气势、浪漫洒脱的情怀，尽显李白清高脱俗、遗世独立的高大身姿，千百年来一直被世人喜爱和传诵。

02　黄河如丝天际来

　　李白在安陆定居时，结识了道友元丹丘，也就是《将进酒》中的丹丘生。他不仅是李白的知音，也是李白的贵人。正是因为丹丘生多次向玉真公主举荐，才有了李白朝拜天子的机会。

　　离开京城的李白，听说元丹丘要去登华山、览黄河，于是写诗相送。但李白的送别诗与众不同，不见伤别离、泪纵横，而是发挥他天马行空的想象力，让朋友未登其山就已如临仙境。

西岳云台歌送丹丘子

> 西岳峥嵘何壮哉！黄河如丝天际来。
> 黄河万里触山动，盘涡毂转秦地雷。
> 荣光休气纷五彩，千年一清圣人在。
> 巨灵咆哮擘两山，洪波喷箭射东海。
> 三峰却立如欲摧，翠崖丹谷高掌开。
> 白帝金精运元气，石作莲花云作台。
> 云台阁道连窈冥，中有不死丹丘生。
> 明星玉女备洒扫，麻姑搔背指爪轻。
> 我皇手把天地户，丹丘谈天与天语。
> 九重出入生光辉，东来蓬莱复西归。
> 玉浆倘惠故人饮，骑二茅龙上天飞。

　　《水经·渭水注》中记载："其高五千仞，削成四方，远而望之，又若花状。"古时"花"通"华"，故得名"华山"。华山雄峰奇峻，菡萏森爽。东西南北中五峰挺立，山路盘旋，险峻处狭窄陡峭无比，令人望而生畏，自古以来就有"奇险天下第一山"之美誉。

　　站在高高的云台山上，但见黄河之水天上来，最初如丝蜿蜒不绝，渐渐一泻万里，雷霆万钧，瞬间地动山摇，祥云骤起，但见河清海晏，圣人临现。李白借山势写水势，突出黄河之水澎湃迅猛，由溪流到狂浪，一路奔腾狂飙，变化无穷，同时也暗指皇帝圣明，天下太平。

汉代张衡曾在《西京赋》中说："巨灵赑屃，高掌远跖，以流河曲。"李白在诗中，也引用了巨灵神的典故。

原来大禹治水之前，首阳山与华山原为一体，绵延起伏的山脉挡住了黄河的去路形成灾患。愤怒的浪花击打在岩石上，掀起千堆雪，咆哮的声音震耳欲聋。巨灵河神听到后从水中钻出，手劈脚踏，大吼一声"开——"，将高山分为两半，华山三峰后退，让出一条大路任凭黄河自由通过。而今，巨灵神的手掌印还留在华山之上，大脚印仍存于首阳山中，清晰可见。李白化用巨灵神的典故，既增加了华山的神秘感，也突出了黄河之水势不可当，果然是天水下凡，自有神人护佑。

天上的金精白帝运用元气，将华山西峰化作了莲花，将北峰变成了云台。云雾之间，只见一个仙人正在莲花台上打坐，他就是元丹丘。神女为他打扫庭院，麻姑为他轻搔后背，天帝亲自把持门户，邀请他共谈天地之道，让人好生羡慕。

这里的"丹丘"一语双关，既是朋友的名字，也指《山海经》中的不死之国。诗中寄托了李白对好友的美好祝福，他希望元丹丘能早日成仙，长生不老。最后，李白又半开玩笑地对老友说："如果你愿意把天帝赐的玉液琼浆分享给我的话，我愿意和你一起驾龙飞天。"言语中既有对友人的羡慕，也流露出自己也想羽化成仙的心愿。

这首送别诗，笔法疾雷破山，颠风簸海，想象肆意瑰丽，虚实交错贯通，大开大合之间又收放自如，生动形象地描绘出华山的雄奇险绝、黄河的气势恢宏。难怪明代王世贞评价此诗："纵之则文漪落霞，舒卷绚烂；收之则万骑忽敛，寂然无声。"

诗外的李白是失意的，诗中的李白是洒脱的。他可以神游天地，梦踏河山。大鹏飞过的地方，看似没有足迹，却印刻着李白追求自由的诗行。

第五章
我本楚狂人

01 飘拂升天行

初唐时期，陈子昂、张九龄等诗人，效仿先贤，复古汉魏，打响了"古风运动"的第一枪。不久，李白也紧随其后，在不同时期创作出《古风》诗共五十九首，追溯风骚，暗讽时弊，以"世道之治乱"为总纲，借古意发今声，内容丰富、用典灵活、气势充沛、跌宕多姿，相比陈子昂之诗，更显自然明朗。

古风（其十九）

> 西上莲花山，迢迢见明星。
> 素手把芙蓉，虚步蹑太清。
> 霓裳曳广带，飘拂升天行。
> 邀我登云台，高揖卫叔卿。
> 恍恍与之去，驾鸿凌紫冥。
> 俯视洛阳川，茫茫走胡兵。
> 流血涂野草，豺狼尽冠缨。

天宝十五年（756年），安史之乱肆虐爆发，叛军已经攻陷了洛阳城。此时的李白，看着国家日颓、生灵涂炭，心中也是一片凄凉。

莲花峰是华山的最高峰，李白站在山顶，没有一览众山小的快感，却有种羽化成仙之感。远远地，他看见九天仙女，正手持芙蓉

卷二 追梦人——大鹏一日同风起

花，凌空飞舞，衣袂飘飘、霓裳轻摆，宛若飞天下凡，彩带当风。仙女邀请李白，一起登上高高的云台，拜见了传说中的仙人卫叔卿。李白骑上天鹅，与仙人一同飞上云霄，但脸上并没有往日得意和快乐的笑容，反而心事重重的样子。

当李白飞到洛阳城的上空时，听到下面一片凄惨的哀号声，中间夹杂着叫骂声、啼哭声、房屋倒塌声、烈火焚烧声，嘈杂交错、沸反盈天。李白忍不住向下望去，但见洛阳城一片狼藉、尸横遍野、血流成河，百姓们跪在叛军面前苦苦哀求饶命。他们的家园变为废墟，家人沦落成奴仆，生与死就在敌人的一念之间。四处乱窜的胡兵，手持着滴血的刀剑，看着跪在眼前苦苦求饶的俘虏，脸上露出狂妄不屑又得意扬扬的笑容，幻想着不久以后能加官晋爵，尽享荣华富贵。

世人都说杜甫是"诗圣"，忧国忧民，心系苍生。却不知"诗仙"李白也食人间烟火，也关心百姓疾苦，也是一个"哀民生之多艰"的爱国诗人。李白梦游仙境，却心系黎民，看着满目萧然却无能为力，悲愤和痛苦也充斥在心中，希望这一场浩劫早日结束。血淋淋的现实击碎了李白成仙的美梦，他用现实的手法去刻画真相、字字见血、入木三分，诗人怀中的那份赤忱与热诚，也铿锵有力、掷地有声。

02　北溟有巨鱼

"北冥有鱼，其名为鲲。鲲之大，不知其几千里也；化而为鸟，其名为鹏。鹏之背，不知其几千里也……"庄子笔下的大鱼，最终变为大鹏，扶摇直上，遨游南溟。而李白也一生都立志化身鲲鹏，凭风而起，四海翱翔，震撼寰宇。

古风（其三十三）

北溟有巨鱼，身长数千里。
仰喷三山雪，横吞百川水。

凭陵随海运，焞赫因风起。

吾观摩天飞，九万方未已。

在诗中，李白化用庄子《逍遥游》中的典故，生动地再现了北溟大鱼的奇态雄姿。身长数千里，升腾数万里。大口一吐，喷出的水花如三山飞雪；猛力一吸，就可以吞下百川之水。

六月之海风兴起，大鱼在海中随波激荡，上下跳跃，掀起千堆雪、万重浪；而后奋起冲天，化为大鹏展开巨翅，借着风势青云直上，纵横天宇，飞往南溟。风越来越大，大鹏也越飞越高。九万里高空似乎并不是它的尽头，它的梦还在延续……

李白笔下的大鹏，就是不屈不挠不认命的自己。他从小顶着太白金星转世的光环，满腹诗词锦绣、雄才伟篇。但李白并不想做一个只会舞文弄墨的读书人，而是立志要成为像张良、诸葛亮一样的良相或帝王师，为圣明除弊事，为天子献良策。

李白年少时就曾写下"大鹏一日同风起，扶摇直上九万里"的豪言，所以这首《古风》诗不仅是他壮志的续篇，更是他不变的初心、从未泯灭的理想与信念。纵使千难万阻，也要踏歌逐梦。信念不死，鲲鹏常在！

03　凤歌笑孔丘

晚年的李白因政治上站错了队而身陷囹圄，幸好肃宗大赦天下，让他又重见天日。归来途中，李白重游庐山，再见"飞流直下三千尺"的瀑布，又想起当年"疑是银河落九天"的豪言。

日照香炉，紫烟袅袅，李白再次穿上谢公屐，游览于山水之间，聊发少年狂气，挥舞奇思妙想，写诗遥寄好友卢虚舟，也怀念那个曾经热血沸腾的自己。

庐山谣寄卢侍御虚舟

我本楚狂人，凤歌笑孔丘。

手持绿玉杖，朝别黄鹤楼。
五岳寻仙不辞远，一生好入名山游。
庐山秀出南斗傍，屏风九叠云锦张，
影落明湖青黛光。
金阙前开二峰长，银河倒挂三石梁。
香炉瀑布遥相望，回崖沓嶂凌苍苍。
翠影红霞映朝日，鸟飞不到吴天长。
登高壮观天地间，大江茫茫去不还。
黄云万里动风色，白波九道流雪山。
好为庐山谣，兴因庐山发。
闲窥石镜清我心，谢公行处苍苔没。
早服还丹无世情，琴心三叠道初成。
遥见仙人彩云里，手把芙蓉朝玉京。
先期汗漫九垓上，愿接卢敖游太清。

据晋代皇甫谧《高士传·陆通》中记载，"楚狂人"是指春秋时期的楚人陆通，因不满楚昭王的治理，他剪去长发，装疯拒官，宁做贫苦的山中隐士，也不要楚王送来的黄金与官印。

有一天，孔子来楚国宣传自己的政治主张，陆通闻讯后就在他的车前大声唱歌："凤兮凤兮，何德之衰？往者不可谏，来者犹可追。已而，已而。今之从政者殆而！"言外之意是世风日下，现在从政的人都十分危险，你孔丘又何必这么积极做官费力不讨好呢？孔子下车，想和他解释交流，没想到陆通却回头避开，扬长而去。

此时的李白已对朝廷和仕途失望透顶，他在诗中化用"楚狂接舆"的典故，既表达了对朝政的不满，也暗示出自己要像陆通一样做个真正的隐士，手拿着一根镶着绿玉的拐杖，辞别黄鹤楼，开启快乐的名山大川之旅。

山水怡情，也是自愈的良药。李白面对着秀丽的庐山、层叠的翠峦、清澈的湖面、苍茫的霄汉，一切就像织在锦绣中，妙笔一挥，诗如长卷在天地间慢慢舒展。既然不适合从政为官，那就索性羽化成仙。安史之乱结束了，一切又似乎恢复了常态。李白傲气犹在，梦想不改。向仙人们再次发出了申请，希望能早日成仙，脱离凡尘，逍遥余生。

这首诗虽然是李白晚年时的作品，也是劫后重生之作，但我们仍可感受到那扑面而来的仙气与洒脱。都说王维诗中有画，李白又何尝不是如此。他的诗中有飞瀑直下、紫雾冉冉、鸟语欢歌、霞光万丈，也有黄云翻滚、疾风巨浪、江流婉转、九曲回肠。色彩艳丽，气势磅礴，令人神往。全诗笔势变幻多姿，情感顿挫起伏，难怪《唐宋诗醇》中对此诗赞曰："天马行空，不可羁绁！"

卷三　行路难——长风破浪会有时

玉经磨琢多成器，剑拔沉埋便倚天。

逐梦之旅，漫长多艰，不问来时路，不畏风雨险，乘风破浪，勇往直前。

第一章
出门妻子强牵衣

01　宝贝对不起

年轻的李白四处投诗文毛遂自荐，但多数都石沉大海，让他很失落。没想到入仕之路竟比蜀道还要难，李白剑眉一挑，心想：既然拜谒不行，那我就换条路试试。

"赘婿"在民间又称为"上门女婿"，一般都是穷小子攀上了富家女，不用奋斗就可以步入豪门。但这种幸福也是一种负担，不仅天天要看岳父一家的脸色，还要忍受外人的指指点点。李白这么清高的人竟能前后两次做赘婿，也都是走投无路之举。

李白的第一任妻子许紫烟是前相爷许圉师的宝贝孙女，她蕙质兰心、温柔体贴，也是因爱慕李白才华才同意了这门亲事。婚后二人恩恩爱爱，举案齐眉。李白连续几年仍拜谒无果，又不愿总寄居在岳父家中，于是携妻来到碧山桃花岩隐居，过起了与世无争、清静无为的小日子。

仕途难行，年华易老，满腹委屈的李白常常一醉解千愁。看着才子夫君变成了酒徒醉鬼，许氏的脸上也偶尔露出不悦和担忧的神情。这一天，李白又在外面喝得酩酊大醉，踉踉跄跄地走回家中，看到一脸愁容的妻子，李白的脸更红了。

赠内

三百六十日，日日醉如泥。

虽为李白妇，何异太常妻。

一年三百六十五天，天天喝得烂醉如泥。李白不好意思地对许氏说："娘子，你嫁给我李白，和周太常的媳妇又有什么区别呢？"许氏看着他什么也没说，眼泪却像断了线的珍珠滚落下来，砸得李白的心也一沉一沉、一痛一痛的。

据《后汉书》中记载，周泽任太常一职时，天天住在斋宫中，即使病倒了也不肯回家。他的妻子心疼其年老多病，就来看望和问候他。没想到周泽不但不领情，反而勃然大怒，将妻子以干扰斋禁的罪名送入大牢。时人讥之曰："生世不谐，作太常妻。一岁三百六十日，三百五十九日斋。"言外之意就是讽刺周泽不近人情，难为其妻。

李白在诗中化用"太常妻"的典故，将妻子比作无辜的太常妻，将自己比作无情的周泽。语气中既有幽默调侃，也有自嘲和愧疚。这首小诗虽然很短，却真实又生动地再现了李白的婚姻生活。从某种角度来说，李白终日醉酒，不是一个合格的丈夫。但细细品味，正因为郁郁不得志，所以他才一醉解千愁。妻子也理解丈夫的内心愁苦，所以也不好埋怨什么，只好默默忍受，而这更增添了李白的自责之情。

许氏身体本就柔弱，每日既要照顾两个孩子，又要为李白担忧操心，渐渐积郁成疾，婚后十三年便撒手人寰。许氏病逝后，李白的赘婿也做不成了，只好带着一对小儿女来到千里之外的山东开始了新的生活。虽然李白在鲁地又经历了两段新的感情生活，但都不甜蜜和长久。月光如水，夜风清凉，李白孤独地喝着闷酒，忍不住发出一声长叹。

02　千金买壁

情场和官场皆失意的李白，身边却从不缺少朋友。他与杜甫在商丘同游时，遇到了同样怀才不遇的高适，三人一拍即合，结为好友。

这一日他们同游梁园，听到了不远处传来激越昂扬的琴声，李白借着酒劲儿在墙上挥毫泼墨，写下了著名的《梁园吟》。傍晚时分，一个美丽的女子路过，被墙上荡气回肠的诗歌所感动，被龙飞凤舞的书法所震撼，于是不惜用千两银子购下此墙，让世人皆惊叹不已。

此女子就是前宰相宗楚客的孙女，对李白也是仰慕已久。李白被宗小姐的一片真情所打动，后来二人结为连理，"千金买壁"的故事也被传为美谈。

李白再次成为赘婿，但仕途还是平平淡淡毫无起色，不甘心的他只好再次借游历一边散心，一边碰运气。天宝十四年秋（755年），五十五岁的李白正在金陵、秋浦一带游历，当他看到黄叶飘零、胡燕南归时，不由又想起家中的妻子宗氏，写了很多诗词和书信以寄托思念。

秋浦感主人归燕寄内

霜凋楚关木，始知杀气严。
寥寥金天廓，婉婉绿红潜。
胡燕别主人，双双语前檐。
三飞四回顾，欲去复相瞻。
岂不恋华屋，终然谢珠帘。
我不及此鸟，远行岁已淹。
寄书道中叹，泪下不能缄。

秋风瑟瑟，楚木凋零。浓重的寒气扑面而来，枝头的胡燕呢喃着向主人辞行，即将踏上南归的旅途。看着梁上的燕子，想到自己来到秋浦已经一年多了，却只能借鸿雁传书寄托思念，李白心中很挂念家中的妻子，热泪盈眶，拿着书信的手颤抖个不停，连封口都难以粘上。这封书信写满了李白对妻子的思念和有家难回的感伤，那种矛盾的心情如一团烈火烧灼着他的内心，让他欲罢不能，只能泪洒长襟。

不久，安史之乱爆发了，李白急忙赶回家中，与妻子一起南下避难，隐居于庐山。永王李璘派人三顾茅庐请他出山，李白思虑再三认为这是个精忠报国的好时机，于是忍痛辞别妻子做了永王的幕僚。

別内赴征

其一
王命三征去未还，明朝离别出吴关。
白玉高楼看不见，相思须上望夫山。

其二
出门妻子强牵衣，问我西行几日归？
归时倘佩黄金印，莫学苏秦不下机。

其三
翡翠为楼金作梯，谁人独宿倚门啼？
夜坐寒灯连晓月，行行泪尽楚关西。

隐居还是出山，这是一个值得深思的难题。选对了功成名就，选错了一败涂地。考虑再三，李白还是选择了后者，希望自己真的能像诸葛亮一样遇到伯乐，辅佐永王杀敌除寇、治国安邦。

此时的李白已经年过半百，他渴望有这样一个机会出人头地、建功立业，实现心中的夙愿。五十是知天命的年纪，他认为这就是老天给他的机会，选择出山就是顺应天意。

临行前一天晚上，李白拉着妻子的手，想到她即将一个人独坐在华美的房间，夜夜孤守在寒灯下流泪到天明，不由鼻子一酸，也忍不住泪如泉涌。这三首诗皆作于临别之时，言语朴素、情感真挚，有夫妻间的难舍难分，有想象着成名后的戏言调侃，有对妻子的心疼和理解，也有对未来的憧憬与期盼。

03　明月楼中音信疏

下山前李白一直把自己当作诸葛亮，把永王视作刘皇叔；下山后才发现李璘一心要做司马懿，竟敢违抗皇命意图造反。李白懊悔自己看错了人，站错了队，叫苦不迭，追悔莫及。

永王父子兵变被诛，李白也在劫难逃。他曾为永王写了许多歌功颂德的诗，铁证如山，百口难辩，很快就被关入了大牢。幸亏妻子宗氏一家利用人脉上下打点，又有官员为其求情，才让他死罪可免，活罪难逃，被流放到偏远的夜郎。

李白这才明白，他最应该感谢、珍惜和道歉的人，就是妻子宗氏。从当年的千金买壁，到入狱后的不离不弃，她才是最懂自己的人。也不知道还有没有机会活着回家向妻子当面道谢，想到这里，李白又开始借着月光给妻子写信了。

南流夜郎寄内

夜郎天外怨离居，明月楼中音信疏。
北雁春归看欲尽，南来不得豫章书。

茫茫夜色中，李白借着惨淡的月光，远远地眺望着家的方向，仿佛看到那高高的明月楼上，妻子也在凭栏而望，眼中噙满了泪花，脸上一片凄然。

李白从来没有如此强烈地想过妻子。但此时此地，他对妻子的家信盼得望眼欲穿，哪怕只有几行或几个字，也能慰藉他那颗孤独又伤痛的心。然而"烽火连三月，家书抵万金"，更何况夜郎（今贵州桐梓县）和江西南昌之间相距千里之遥，一封信不知要多久才能寄到。北雁归尽，天地寂寥，妻子的回信还是没有收到。李白站在无尽的夜色中，向着明月祈祷。这首诗写满了诗人的孤独和思念，也让我们看到了沦为南冠的李白落魄寂寞的身影。

大赦之后李白重拾自由，但他并没有与妻子一起隐居山林安度晚年，而是顺从妻子的心愿，将她送到庐山女道士李腾空那里修行。腾空虽为李林甫的女儿，但不恋富贵，入山隐居，宗氏对其敬佩不已，一直都想投到她门下学道成仙。而今，李白为了圆妻子的梦想，特意陪她一起去寻李道士。

送内寻庐山女道士李腾空二首（其一）

君寻腾空子，应到碧山家。

水春云母碓，风扫石楠花。

若爱幽居好，相邀弄紫霞。

这是一首送别诗，但又与李白下山投奔永王时的情形大相径庭。经历过生离死别，夫妻二人已将很多事情都看得通透，携手余生不如各自安好，于是他们依照本心的呼唤做出了选择。

从某种角度来说，李白不是一个好丈夫。他酷爱喝酒和交友，对妻子没有甜言蜜语，更谈不上温情陪伴。在生活中他也没有担负起丈夫养家的责任，事业未成，家务也不会做，连亲生骨肉都不怎么关爱。不是和朋友日夜同醉，就是出去游山玩水，有时一走就是三年五载，家对李白来说，是港湾，但更像个客栈。幸好宗氏对其十分理解和包容，她忠贞贤淑、秀外慧中，更不会像刘氏那样嫌贫爱富，冷嘲热讽。

曾有这样一句话："最浪漫的故事没有结局，最幸福的爱情没有言语，只有彼此心灵的契合。"宗氏是李白的红颜知己，也能与其风雨同舟，他们之间的爱情故事不是长相厮守的鸳鸯债，而是心有灵犀的锦瑟缘，细细品来，别样浪漫。

第二章
功业莫从就

01 真的好想你

李白在蜀地有个老朋友叫赵蕤，是唐代著名的纵横家，一身侠气，满腹才学，美名传于八方。唐玄宗曾多次征召赵蕤入朝为官，他都辞而不就，隐居山林，自得其乐。

李白对赵蕤十分崇拜，向他学习帝王学和纵横术，还附带练就了驯鸟术这一特长。赵蕤比李白大 42 岁，二人亦师亦友，并称"蜀中二杰"，后世赞其"赵蕤术数，李白文章"。

开元十五年（727 年），27 岁的李白离开蜀地云游天下，来到扬州时生了一场大病。一个人孤零零地躺在异乡的小旅馆里，想着自己功业未成，又身染重疾，李白心中烦乱无人可诉，只好写信向家乡的老友诉苦。

淮南卧病书怀寄蜀中赵征君蕤

吴会一浮云，飘如远行客。
功业莫从就，岁光屡奔迫。
良图俄弃捐，衰疾乃绵剧。
古琴藏虚匣，长剑挂空壁。
楚冠怀锺仪，越吟比庄舄。
国门遥天外，乡路远山隔。
朝忆相如台，夜梦子云宅。
旅情初结缉，秋气方寂历。

风入松下清，露出草间白。

故人不可见，幽梦谁与适。

寄书西飞鸿，赠尔慰离析。

生活不止眼前的苟且，还有诗和远方。一路追求诗和远方的李白，却遇到了生活中太多的苟且。离开蜀地的沃土，他就像是一朵飘荡在江南的浮云，无根无脉，四处流浪。

再好的古琴，放在漂亮的琴匣中，无人弹拨，也只是一个"哑巴"；再锋利的宝剑，高高地挂在墙上，无人舞动，也只是一个摆设。李白空有满腹才华，一腔壮志，却无人问津，心中备感委屈。

夜梦中，李白来到了杨子云的故宅；一梦醒来，他又想起了司马相如的琴台。为什么他人都能功成名就，而我李白偏偏默默无闻？李白在病榻上摇着头叹着气，梦中情景早已化作泡影。秋风萧萧、白露茫茫，他顿觉形影相吊、孤孤单单、冷冷清清、凄凄凉凉……

李白在诗中化用了大量的典故，也做了很多比喻，既生动再现了自己漂泊不定、重病缠身的惨状，也表达了入仕无门的悲愤、对家乡友人的思念。这种情愫是复杂的，也是炽热的。诗人信笔而成，无须华丽的辞藻装点，浑然一体、真挚感人。

02　神仙姐姐

出门不易，入仕更难。赵蕤也曾劝过李白，科举之路行不通，试试拜谒等途径，也可以一步登天，飞黄腾达。李白听后点了点头，主动出击，四处投"简历"。

看过电影《长安三万里》的朋友，一定还记得里面有个胖乎乎的玉真公主，她是玄宗的亲妹妹，深受天子的恩宠，不少才子名士都是通过她的引荐才得到皇帝的赏识和采用的，王维就是其中成功的典范之一。李白学道多年，自认为和玉真公主也能有很多共同语言，再借机献上自己最好的诗篇，一定会博得公主的青睐。再借她的口向天子引荐自己，那么梦想成真指日可待。李白计划得很好，

卷三　行路难——长风破浪会有时

065

于是一来到长安城就带着好友的举荐信去拜访宰相张说，想要近水楼台先得月，早日拜见玉真公主。

没想到来得不是时候，张说卧病在床难以见客，就让儿子张垍帮忙推荐。可张垍贵为驸马，根本瞧不起李白这个无名小卒，为了戏弄他还假意热情相告："在钟南山有一处玉真公主的别馆，如果你在那里等候，一定能梦想成真。"李白信以为真，乐呵呵地跑到钟南山，天天想，夜夜盼，还专门为玉真公主创作了一首赞美诗。

玉真仙人词

玉真之仙人，时往太华峰。

清晨鸣天鼓，飙欻腾双龙。

弄电不辍手，行云本无踪。

几时入少室，王母应相逢。

虽然李白尚未见过公主，但他的想象力丰富，把公主看作是神仙姐姐下凡，来往于华山太华峰的栈道间。而且神仙姐姐元气满满，来去如风，声震天鼓，气贯长虹。如果她要登上少室山的话，一定可以和王母娘娘相逢。

李白的这首赞美诗真是把玉真公主夸上了天，只可惜，他等到花儿也谢了，钱也花光了，却连公主半个影儿都没见到。无奈之下，他只好又给张垍写了两首诗，带着满腹的遗憾离去。

玉真公主别馆苦雨赠卫尉张卿二首（其二）

苦雨思白日，浮云何由卷。

稷契和天人，阴阳乃骄蹇。

秋霖剧倒井，昏雾横绝巘。

欲往咫尺途，遂成山川限。

潈潈奔溜闻，浩浩惊波转。

泥沙塞中途，牛马不可辨。

饥从漂母食，闲缀羽陵简。

园家逢秋蔬，藜藿不满眼。

蟏蛸结思幽，蟋蟀伤祸浅。

厨灶无青烟，刀机生绿藓。

投箸解鹔鹴，换酒醉北堂。

丹徒布衣者，慷慨未可量。

何时黄金盘，一斛荐槟榔。

功成拂衣去，摇曳沧洲傍。

　　李白踯躅在玉真公主别馆的门外，心中的阴云和天上的乌云一样浓重，期盼着早一点儿雨过天晴。然而天公偏偏不作美，秋雨没完没了地下着，似乎故意在和李白作对，不久天地一片汪洋，李白的内心更是一片狼藉。

　　此时的李白，已不再是挥金如土的少年郎，长安的花费很大，他也日渐囊中羞涩，只好用裘皮大衣换钱买酒喝，无聊时借整理书稿打发时间。诗中李白化用南朝宋丹徒布衣刘穆之的典故，激励自己不要气馁，眼前的困苦并不代表以后不能成功。李白不是悲观主义者，也不是追名逐利的野心家，他只想辅佐君王实现自己的政治抱负。功成名就后，他也不会贪恋富贵，而是拂袖辞京，归隐山林。

　　这首诗道尽了李白求仕途中的种种艰辛，不仅要饱受自然界的风雨，还要忍受无人问津的寂寞、苦待无果的失落、被人轻视的委屈、壮志难酬的悲愤。虽然李白的苦衷并没有得到驸马张泊的同情和帮助，最终还是空手而归，但是他入仕的热情却丝毫不减。他坚信，长安的大门终有一天会为自己再次敞开。

03　救命恩人

　　李白在长安受挫后，又开始了四处游历的生活。公元735年，他应好友元演的邀请来到了山西并州。元演的父亲当时任太原府尹，文武双全，见到李白后，对他的才华也是赞叹不已。

　　这一天，李白和元演父子等人本打算一起去狩猎，刚出辕门，就看到了一辆囚车飞驰而过，一群侍卫手拿兵器紧跟其后。李白发现囚车里的罪犯和自己年纪相仿，虽然身着囚衣，头发蓬乱，脸上也带着几丝伤痕，但眉宇间带有一股咄咄逼人的英气，两只眼睛也格外明亮有神，仿佛闪电一样，让人不敢直视。

好奇心作祟的李白忙从马上跳下来，拦住囚车问道："你是何人，犯了什么罪？"那个人看了李白一眼，瓮声回答："我叫郭子仪，奉命查看军粮时，手下失手走了火，烧了粮草，我是主管，难辞其咎，所以被捕问罪。"李白又问："那他们会不会杀你？"郭子仪淡淡一笑："失职依法当斩，子仪死不足惜，一切都听从哥舒翰将军发落。"

于是李白又跑到哥舒翰那里为此人求情，愿用重金换他的性命。哥舒翰深感不解："你为何要为一个素不相识的罪犯求情？"李白却很认真地说："此人气宇不凡，临危不惧，而且犯了错勇于承担责任与后果，此乃大丈夫也！如果放在战场上，他不是冲锋陷阵的勇士，就是领兵打仗的将军，就这样死掉岂不太可惜？"

哥舒翰一听哈哈大笑："既然你有识才惜才之心，那我今天就成全你的美意。"于是，哥舒翰放了郭子仪，而郭子仪也记下了李白的救命之恩。多年后，郭子仪成了大将军，在平定安史之乱、收复长安的战争中立下了首功，而李白却因投奔永王而成了阶下囚。为报当年救命之恩，郭子仪多次向皇帝求情，李白这才被赦免了死罪。

这虽然是《隋唐演义》中的动人故事，但并不是杜撰与传说，在《翰林学士李公墓碑》和《新唐书·李白传》等史料中都有相应的记载，李白和郭子仪的确相互救赎过。

762年，郭子仪因平定河中兵变有功，被封为汾阳郡王。李白不忘郭子仪救命之恩，写诗赞颂。

汾阳王赞

忠武英声振德威，恩光荡荡古今稀。
八男受爵黄金印，七婿封官碧紫微。

半壁宫花歌宴罢，满床牙笏肃朝归。

应知积庆源流远，自有云仍拜锁闱。

在诗中，李白高度地赞颂了郭子仪的英武豪气、功勋显赫、德才兼备、美名传扬，是古往今来难得的大英雄。又生动地描绘了他在朝堂上众星捧月的威风和气派，敬佩、羡慕、赞扬之情满满，这不是阿谀奉承，而是李白发自内心的颂歌。

"爱出者爱返，福往者福来"。正因为李白的善良和侠义，才让他种福因，得福报，而二人之间的故事也被传为人间佳话，久传不息。

第三章
云想衣裳花想容

01　受宠若惊

公元 742 年，在好友元丹丘和玉真公主等人的大力推荐下，玄宗终于同意召见李白。李白闻讯欣喜若狂，马上赶赴长安，一路看尽长安花。

再入长安和初至长安心情截然不同，所见景物也天壤之别。这一次，李白看到了皇家军队的威武气派、皇宫大殿的华贵辉煌，真是大开了眼界。

赠从弟南平太守之遥二首（其一）

少年不得意，落拓无安居。
愿随任公子，欲钓吞舟鱼。
常时饮酒逐风景，壮心遂与功名疏。
兰生谷底人不锄，云在高山空卷舒。
汉家天子驰驷马，赤军蜀道迎相如。
天门九重谒圣人，龙颜一解四海春。
彤庭左右呼万岁，拜贺明主收沉沦。
翰林秉笔回英眄，麟阁峥嵘谁可见？
承恩初入银台门，著书独在金銮殿。
龙驹雕镫白玉鞍，象床绮食黄金盘。
当时笑我微贱者，却来请谒为交欢。

一朝谢病游江海，畴昔相知几人在？

前门长揖后门关，今日结交明日改。

爱君山岳心不移，随君云雾迷所为。

梦得池塘生春草，使我长价登楼诗。

别后遥传临海作，可见羊何共和之。

　　"十年窗下无人问，一举成名天下知。"四十二岁的李白真有种一步登天的感觉。而最让他难以置信的是，天子竟然派豪华大马车来迎接他入宫，就像当年汉武帝迎接司马相如的阵势一样，让李白受宠若惊。

　　玄宗素闻李白才华横溢，有"谪仙人"之美誉，今日一见果然道骨仙风、气度不凡。读罢李白的《大鹏赋》等诗文，玄宗更觉得他才学过人、飘逸若仙，于是让他留在翰林院为自己写诗作赋。而李白也不负皇恩，秀口一吐，满殿生辉，很快就成了皇帝身边一名光彩照人的御用文人。

　　过去那些瞧不起李白的达官显贵，现在都主动来巴结献媚，不是请李白吃饭喝酒，就是送他钱财礼物，那一张张虚伪的嘴脸，让李白瞬间看透了世态炎凉。因为个性张扬、藐视权贵，李白在官场也得罪了一些小人，他们不是在天子身边说他的坏话，就是在背地里随意曲解他的诗文。李白不愿和他们争辩，冷冷一笑，拂袖而去。

02　花中仙子

　　李白虽然擅长写诗，但不甘心只做个御用文人，他认为自己有治国安邦之雄才，所以希望能和君主多探讨政事大略。可是玄宗偏偏不懂他的心思，又整日与贵妃花前月下编曲跳舞，对朝政都疏于管理，让李白越来越失望。

　　李白认为或许时机还未成熟，或许自己初来乍到，又没参加过科考，所以天子还没有发现自己的治世才能。一次次自我安慰后，李白选择再等一等，忍一忍。无事可做时，他就去找朋友喝酒，很

卷三　行路难——长风破浪会有时

快就成了京城"醉八仙"之一，李白"斗酒诗百篇"的美名也盛传于世。

这一天，玄宗与贵妃一起在沉香亭赏花，见牡丹开得正盛就想让人写诗助兴。可贵妃不想听陈词滥调，于是玄宗对手下说："快去，把李白叫来！"

李白当时正和朋友一起饮酒，喝得酩酊大醉，在高力士引领下，他一步三摇地去拜见天子和娘娘。玄宗十分不悦，但又不好发作，一挥龙袖道："李白，朕命你以这牡丹花为题，作新词以颂之，不可用陈词滥调，写好了有赏！"

这是李白进宫后第一次看见贵妃，透过七分醉意，眼前的这个美女更显娇艳动人。只见她身材丰腴、肤如凝脂、秀发如云、面赛春桃、眼含清波、眉若远黛，手拿一把绢扇，微掩樱桃小口，微微一笑也倾城。

李白被贵妃的美貌惊呆了，难怪玄宗对她一见倾心，后宫佳丽三千，在她面前都黯然失色，果然是闭月羞花、美艳绝伦。在高力士的不断催促下，李白提起笔来，看了看园中绚丽多姿的牡丹花，又看了看娇美如仙的贵妃，挥毫泼墨，很快一首《清平调》就跃然纸上。玄宗见了拍手叫绝，杨贵妃也娇羞地笑出了梨涡，看李白的眼神也多了几丝柔情和敬佩。有了天子和娘娘的赞许，李白诗兴大发，借着酒劲儿李白一连又做了两首《清平调》。

清平调三首

其一

云想衣裳花想容，春风拂槛露华浓。

若非群玉山头见，会向瑶台月下逢。

其二

一枝红艳露凝香，云雨巫山枉断肠。

借问汉宫谁得似，可怜飞燕倚新妆。

其三

> 名花倾国两相欢，长得君王带笑看。
>
> 解释春风无限恨，沉香亭北倚阑干。

李白的这三首《清平调》各有千秋、诗香四溢、华彩缤纷。尤其是第一首，更是传诵至今，妇孺皆知。

贵妃彩霓若云、貌美如花，让人一看见云就会想起贵妃斑斓飘逸的霓裳，一看见花就会想到她那娇艳多姿的笑靥。当然也可以这样理解：云一看见贵妃就想做她的衣裳，花一看见贵妃就想变得和她一样漂亮。总之一句话，贵妃比牡丹花还要美！

群玉山和瑶台都是传说中西王母的府邸，李白想象着在这样的仙境与贵妃相逢，更突出了娘娘的超凡脱俗之美。李白在诗中用瑰丽的想象和联想，把人、花、仙三者巧妙地结合在一起，自然天成、浑然一体，让人拍手称妙，回味无穷。

而在第二首诗中，李白巧用对比和用典的手法，把贵妃比作华丽雍容的红牡丹，让她艳压群芳，连巫山神女和汉宫飞燕都要甘拜下风，可见贵妃之美倾国倾城，盖世无双。

杨贵妃自然听懂了李白的弦外之音，笑得比红牡丹还娇艳，玄宗一见美人笑，顿时龙颜大悦，李白大笔一挥，借第三首诗把天子和娘娘一起称颂。

鲜花美人相伴，帝王笑容满面。凭栏春风无限，百愁千忧吹断。读了李白的第三首诗，贵妃眉眼含笑，皇帝连声叫好，吩咐高力士："赏！"李白跪谢后下去领赏，这三首诗也被交与梨园弟子谱曲，由宫廷乐师李龟年亲自演唱，成为了当时的流行金曲。

这三首诗既是乐府诗又是宫廷诗。第一首重点写人之美；第二首重点写花之艳，侧面衬托人之美；第三首则双管齐下，人花并颂，做个总结和升华。这三首诗让人读罢唇齿生香，心胸清爽。难怪明代文人周珽称赞道："语语藻艳，字字葩流，美中带刺，不专事纤巧。"

03　无奈宫中妒杀人

关于世人盛传的李白在宫中作诗前曾让高力士脱靴、贵妃捧墨的故事，正史、野史、小说、戏曲比比皆是，版本不一，但大同小异，似乎这样做很符合李白放荡不羁、蔑视权贵的个性。

但这可能只是人们的想象和杜撰而已。李白如果真这样做，早就在醉酒后大肆宣传，或写诗文让天下皆知了。但纵观李白的诗文，丝毫没有提及此事，他的朋友也并未在文中提起，所以多半是以讹传讹。更何况当时高力士位高权重，连太子都要让他三分，贵妃也备受玄宗恩宠，李白好不容易进宫，即使再恃才放旷也不敢将他们得罪。

世人又说，李白将贵妃比作赵飞燕，高力士小题大做，说李白借此暗讽贵妃，惹娘娘不满，于是天天给玄宗吹枕边风，天子信以为真开始疏远李白，这事情倒有可能发生。

李白那天生狂傲、放荡不羁的性情，一般人是看不惯的，更何况是在等级森严、规矩颇多的皇宫，别人都处处小心、事事留意，唯有他特立独行，不是酗酒就是旷工，还天天摆出一副盛气凌人的架势，高力士等人看他不顺眼，背地里说他坏话也是正常。

李白刚进宫时天子热情相迎，身边人阿谀奉承，可谓是风光一时。但时间长了，他不仅坐起了冷板凳，还总遭人嫉妒和排挤，越来越憋屈的李白，只好借诗词来宣泄内心的不满与不快。

玉壶吟

烈士击玉壶，壮心惜暮年。

三杯拂剑舞秋月，忽然高咏涕泗涟。

凤凰初下紫泥诏，谒帝称觞登御筵。

揄扬九重万乘主，谑浪赤墀青琐贤。

朝天数换飞龙马，敕赐珊瑚白玉鞭。

世人不识东方朔，大隐金门是谪仙。

西施宜笑复宜颦，丑女效之徒累身。

君王虽爱蛾眉好，无奈宫中妒杀人。

　　在《世说新语》中有这样一个故事，东晋大臣王敦常在饮酒后吟唱曹操的《龟虽寿》："老骥伏枥，志在千里；烈士暮年，壮心不已。"他一边唱，一边用如意击打着玉壶，时间久了，玉壶口竟然都被敲碎了。

　　李白又何尝不和王敦一样壮志难酬呢？"举杯消愁愁更愁""拔剑四顾心茫然"。李白空对着秋风明月，感到内心孤独、浑身乏力，想着自己为了梦想追求了二十年，竟然换来这么一个结果，真的十分不理解，也不甘心。

　　遥想李白当年，奉旨入皇宫，天子亲召，百官相迎，谈笑间群臣众吏无彩。他本以为会像东方朔一样隐居宫中激扬文字，辅佐圣主指点江山，没想到遭人嫉妒和冷落，即使有旷世奇才也难有立足之地。

　　全诗开合有度、笔力骏驰、气势顿挫，讽刺意味满满。李白在诗中多处用典，道出了内心的愤懑、委屈和怨气。但即便如此，他还是以王敦、司马相如、东方朔等人自况，表达自己高洁傲岸的情操，同时也流露出对黑暗现实的不满，暗示着李白早晚都会离开长安城。

第四章
行路难，行路难

01　轻轻的，我走了

天宝元年（742 年），四十二岁的李白满怀希望入京，看到了盛世的繁华、皇家的气派，也受到了天子的恩宠、贵宾级的待遇。

李白一心入仕，来到天子身边，不是为了卖弄文采、歌功颂德，而是志做布衣卿相，实现自己修身齐家治国平天下的抱负。但好景不长，他做来做去还是一个文人，一个皇帝妃子酣宴游乐时写诗助兴的御用文人，一个整日锦衣玉食令人羡慕的高级文人。

奸臣当道，小人进谗，天子冷落，壮志搁浅。且行且忍且等待，却终是浮云遮望眼。是去是留，终需有个了断。李白自视有治世之才却无人重用，一腔抱负换来满腹委屈。他心有太多不甘，欲走还想留，因为他知道，这一别，恐怕再难回首。

现实的铁砂掌，最终还是无情地击碎了梦想的琉璃月。天宝三年（744 年），犹豫再三的李白向玄宗上书请辞，皇帝爽快地答应了，毫无挽留之意，还赏赐他不少银两，这就是著名的"赐金放还"。

古风（其二十二）

秦水别陇首，幽咽多悲声。
胡马顾朔雪，踯躅长嘶鸣。
感物动我心，缅然含归情。
昔视秋蛾飞，今见春蚕生。

袅袅桑柘叶，萋萋柳垂荣。

急节谢流水，羁心摇悬旌。

挥涕且复去，恻怆何时平。

"轻轻的我走了，正如我轻轻的来。我轻轻的招手，作别西天的云彩……"徐志摩的《再别康桥》，何等浪漫与洒脱；可是李白的离去，却是无奈的悲咽。

秦水与陇山作别时，呜呜咽咽的哭泣声此起彼伏，空谷传响；胡马载着客人远行，距离家乡越来越远，步伐也越来越沉，嘶鸣声也越来越悲。李白回望长安，想起刚来时正值秋日，碧云天、黄叶地，层林尽染。一晃快两年了，长安城又一片春意盎然，到处花红柳绿，莺歌燕语，别样多姿。京城的景色再美，也无法阻拦离开的脚步。当梦想碎成玉片，纵有千般不舍、万般不甘、满腹的意难平，李白也只能转身离去……

李白的这首诗借景抒情，表达了对京城的不舍与留恋、对往事的追忆与回味、对离别的无奈与惋惜。一代才子好不容易达到事业的巅峰，不到两年又转身失望地离开，那种失落感溢于言表，令人心痛。

02　长风破浪会有时

"安能摧眉折腰事权贵，使我不得开心颜！"既然不是想要的生活，离开也是必然的选择。对此，李白从不后悔。

李白被赐金放还后，一些京城的好友前来送行，酒宴上美酒佳肴、歌舞升平，李白却心事重重、郁郁寡欢，连作三首《行路难》，以泄心中悲愤。

行路难（其一）

金樽清酒斗十千，玉盘珍羞直万钱。

停杯投箸不能食，拔剑四顾心茫然。

欲渡黄河冰塞川，将登太行雪满山。

闲来垂钓碧溪上，忽复乘舟梦日边。

行路难！行路难！多歧路，今安在？

长风破浪会有时，直挂云帆济沧海。

　　金杯玉盘、仙露琼浆，好友们都推杯换盏，唯有李白看着满桌的珍馐佳肴却并没有食欲。他放下筷子和酒杯，站起身来，抽出腰间宝剑环顾着四周，却始终没有舞动起来。他就这样静静地站着，仿佛是一棵傲霜斗雪的松柏，心中却暗自叫苦："我就想做一个济世安邦的良相贤臣，怎么就这么难啊？"

　　他想起了西周时的姜子牙，在渭水边直钩垂钓，钓来了周文王，而后助周伐纣，一战成名；他又想起了商朝的伊尹，在梦中划着小船从日月边轻轻漂过，醒来后果然等到商汤王的聘书，助商灭夏。

　　为什么别人都能抓住机遇，实现抱负，而我却在长安城一事无成，空手而归？我的路在哪里？我的梦想，到底什么时候才能实现？李白眺望星空，那一轮明月似乎又给了他勇气和信心，于是他放下宝剑，重新拿起酒杯，对着众宾客们说："此地一别，绝非永别。我李白一定会有东山再起的那一日，愿乘长风，破万里浪，直挂云帆济沧海！"

　　在诗中，李白通过对比、用典、比喻等手法，写出了内心的彷徨与矛盾，突出了仕途的艰难，但李白失望并没有绝望，最终又回归了豪放自信、乐观向上的本色。

　　作为《行路难》中的第一首，它也是流传最广、影响最深远的一首。诗人的感情跌宕起伏，把"行路难"的主旋律贯穿始终，全诗气势悲壮、辞藻夸张、节奏多变、音调铿锵，让人在低谷中也能看到满眼星光。

行路难（其二）

大道如青天，我独不得出。

羞逐长安社中儿，赤鸡白雉赌梨栗。

弹剑作歌奏苦声，曳裾王门不称情。

淮阴市井笑韩信，汉朝公卿忌贾生。

君不见昔时燕家重郭隗，拥彗折节无嫌猜。

剧辛乐毅感恩分，输肝剖胆效英才。

昭王白骨萦蔓草，谁人更扫黄金台？

行路难，归去来。

人间大路如青天一样广阔，但偏偏没有自己的出路，李白感到委屈和悲愤不已。回想起自己曾两次来到长安，不是低三下四地主动登门拜谒，求他人的垂青，就是夹在王宫显贵之间，看他们争名逐利的丑态。而这，都不是李白想要的生活。

李白想起了弹剑而歌的冯谖、忍受胯下之辱的韩信、不被文帝重用的贾生，都曾和自己同病相怜。他又想起了燕昭王听从郭隗的建议，搭建"黄金台"广招天下贤士，但这样的君主古今都屈指可数。

这首诗和第一首相比，更能凸显出诗人在矛盾中踟蹰不决的心态。

全诗通篇用典，借古讽今。他们中间有壮志难酬的人、含冤受辱的人，也有受到重用的人，但最终都化为尘土，成为历史大潮中的一朵小小的浪花而已。再看看自己，自命为千里马，却难遇到伯乐，与其"骈死于槽枥之间"，不如做个野马自由自在。李白最终选择无奈地离开，更突出了人物命运的悲剧色彩和诗词的伤感基调。

行路难（其三）

有耳莫洗颍川水，有口莫食首阳蕨。

含光混世贵无名，何用孤高比云月？

吾观自古贤达人，功成不退皆殒身。

子胥既弃吴江上，屈原终投湘水滨。

陆机雄才岂自保？李斯税驾苦不早。

华亭鹤唳讵可闻？上蔡苍鹰何足道？

君不见吴中张翰称达生，秋风忽忆江东行。

且乐生前一杯酒，何须身后千载名？

在汉代蔡邕的《琴操·河间杂歌·箕山操》中，记载着"许由洗耳"的典故：尧老了，想把天下让位给贤士许由，可是许由不愿意接受，来到颍水北边隐居。尧又让他做九州之长，许由还是不愿意，并在水边洗耳，意思是不愿听到这些世俗浊言，表达了自己不愿为官的心志。

无独有偶，《史记》中也记载着"首阳采薇"的故事。周武王伐纣灭商，天下太平。而伯夷和叔齐却不愿意归周，跑到首阳山归隐，天天采野菜为食，拒不吃周朝的粮食，最终饿死在首阳山上。

"大隐隐于朝，中隐隐于市，小隐隐于野。"真正的归隐，不仅在于生活环境的清幽，更在于心灵的淡泊。心净了，哪里都是净土！

人生在世，贵在韬光养晦，清静无为、默默无名也不算什么丢人的事。何必一定要隐居、自命清高呢？古往今来，多少曾经功成名就的人，结果却很悲惨。伍子胥被吴王逼得自刎、屈原抱石沉江、陆机冤死于军中、李斯被处腰折……想到这些，李白的心中非常愤慨。他们为了国家兴盛付出了很多心血，也做出了许多功绩，但因没有急流勇退，结局却惨不忍睹。

《晋书·张翰传》中记载着"莼鲈之思"的典故。吴郡的张翰品行高洁，虽被授予高位，但在动荡时期还是以"莼鲈之思"为由辞官还乡。李白对张翰不慕荣利、高洁傲岸的品行十分敬佩，于是痛饮杯中酒，从此不问官场是与非。

这首诗中李白化用了大量的典故，来表明自己想要归隐的决心，字里行间流露出官场的险恶多变，离开也是明智之举，尽显他的智慧、豁达和洒脱。

三首诗独立成诗，但又一气呵成，完整地再现了李白即将离开长安时的复杂情绪。它们就像一组交响曲，从歧路上的徘徊、无路可行的困惑，到仰天长叹的呐喊、对命运不公的指责，再到对理想生活的追求、对苦难的释然，多种心声融汇交错，大开大合，一唱三叹，铿锵有力，直击人心。

第五章
为君捶碎黄鹤楼

01 永王与赞美诗

李白在玄宗那里失望颇多，只好又寄希望于永王。

永王李璘是唐玄宗的第十六个儿子，幼年丧母，被同父异母的兄长李亨亲自抚养。然而造化弄人，多年后，李亨被立为太子，也就是后来的唐肃宗，而身为永王的李璘却因反叛而被诛杀。

755年，安禄山造反。第二年，永王随父皇玄宗逃往蜀地避难，兄长李亨在战火中逼父退位，执掌大权。玄宗拒绝高适的进谏，分封诸子为各路节度使，而李璘坐镇江陵，手握兵权，并趁机招兵买马，聘用贤臣，李白就是其中的一个。

在庐山隐居避难的李白，本不想出山，奈何永王三次派人来请，而他也想借此机会成就一番伟业。都说乱世出英雄，如果永王真的平乱有功，那功劳簿上也应该有他李白的名字。于是李白辞妻下山，成为了永王的幕僚。

757年，永王挥师东下，李白连写了十一首《永王东巡歌》，不仅对其歌功颂德，也寄托了自己忧国忧民之情和治国安邦的政治抱负。

永王东巡歌

其一

永王正月东出师，天子遥分龙虎旗。

楼船一举风波静，江汉翻为燕鹜池。

其二

三川北虏乱如麻，四海南奔似永嘉。
但用东山谢安石，为君谈笑净胡沙。

其三

雷鼓嘈嘈喧武昌，云旗猎猎过寻阳。
秋毫不犯三吴悦，春日遥看五色光。

　　永王东巡的船队，浩浩荡荡地行驶于长江与汉水之上。奇怪的是，原本波涛汹涌的江水，一见到永王路过，瞬间变得风平浪静，似乎也在向永王致敬，想要听命于他。

　　叛军在中原肆意屠杀，战火烧毁了房屋，铁蹄踏破了田地，百姓们流离失所，只好跑到南方避难，仿佛晋朝的永嘉之难。李白见后心如刀割，心中暗想：如果永王能重用我来平复叛乱，那么中原很快就会恢复往日安定，天子也能早日回归长安。

　　鼓声震天，如雷霆万钧，撼动武昌城；旌旗招展，如层云叠起，覆盖浔阳郡。永王的队伍声势浩荡，却又秋毫无犯，爱民如子。沿途之上，百姓们都笑脸相迎。天降祥云，明月朗朗，为永王东巡送来祥瑞之光。

　　李白不是阿谀奉承之辈，但为了得到永王赏识，他也作了不少歌功颂德的赞美诗。李白运用比喻、对比和夸张等手法，赞颂永王深得民心，军队威风凛凛。此时的他尚不知晓，永王东巡不是奉命而为，而是招摇过市，意在谋反。

　　永王虽贵为龙子，但眼斜貌丑，既无真才实学，又无雄才大略，并不讨玄宗喜欢。他原本只想当个王爷在温柔富贵乡里享受生活，没想到安史之乱却给了他掌握兵权、崭露头角的机会。面对着手中的兵符，横征暴敛的钱财，李璘的儿子先动了私心，鼓动永王起兵造反，旁边的谋士也不断煽风点火，李璘这些年也一直委曲求全，认定这是一个好机会，于是兴兵谋反。

李白不明其中阴谋，反倒写诗赞美，结果这诗成了他是叛军同党的铁证。多年以后，肃宗之子代宗为永王平反，但没有人替李白"伸冤"，他为永王写的这些赞美诗，也刻入历史的碑文难以磨灭，自有后人评说。

02　出师未捷身先死

永王兵变失败后，李璘父子都死于乱军之中，李白也成了阶下囚，朝不保夕。他很委屈，也很失望，这个结果并不是他想要的，可是造化弄人，他也无能为力。

南奔书怀

遥夜何漫漫，空歌白石烂。
宁戚未匡齐，陈平终佐汉。
檿枪扫河洛，直割鸿沟半。
历数方未迁，云雷屡多难。
天人秉旄钺，虎竹光藩翰。
侍笔黄金台，传觞青玉案。
不因秋风起，自有思归叹。
主将动谗疑，王师忽离叛。
自来白沙上，鼓噪丹阳岸。
宾御如浮云，从风各消散。
舟中指可掬，城上骸争爨。
草草出近关，行行昧前算。
南奔剧星火，北寇无涯畔。
顾乏七宝鞭，留连道傍玩。
太白夜食昴，长虹日中贯。
秦赵兴天兵，茫茫九州乱。
感遇明主恩，颇高祖逖言。
过江誓流水，志在清中原。

拔剑击前柱，悲歌难重论。

月溅星河，长夜漫漫。李白凭栏而望，一个人喃喃地唱起了《白石烂》。

《吕氏春秋》中记载着这样一个故事，春秋时期的卫人宁戚在齐国东门外喂牛，见齐桓公夜出迎客，他就击着牛角高唱"南山粲，白石烂，生不遭尧与舜禅……"引起了桓公的注意，二人交谈后，桓公认为他是治世之才，任命他为大夫。

西汉时期的陈平颇有谋略，但是他的主张并没有被魏王和项王所采纳，于是他离开了楚国来投奔刘邦并得到重用，后来"六出奇计"帮助刘邦打下了汉室江山。

李白也想和宁戚、陈平一样受到明主的重用，所以才在危难时刻投奔了永王，并为他起草文书，仿佛登上高高的黄金台，广召天下豪杰聚在一起，希望能共同平复战乱，早日回归长安。但是现实并没有想象那么完美，永王擅作主张，一意孤行，令肃宗很不满，兄弟正式反目成仇。而永王的主将之间也矛盾重重，互相猜忌，部队在转移过程中士气跌落，宛如乌合之众，最终一败涂地。

李白做梦也没想到，他本来是想辅助永王平定战乱的，怎么打来打去自己却成了叛军中的一员。他扪心自问，自己的初衷是好的，志向也是高洁的，却因看走了眼，站错了队，一切都背道而驰，前功尽弃。他也只能拔剑击柱，凄怆悲歌，可是，谁又会听他的解释呢？

出师未捷身先死，长使英雄悔断肠。这首长诗运用了大量的典故，表现出李白的满腔悲愤、委屈和无奈，情感炽热强烈，语言悲壮铿锵，是诗人内心独白的真实写照。

03　劫后重生

李白原本被流放夜郎，没想到唐肃宗乾元二年（759年）天下大赦，重得自由身的李白欣喜若狂，在回家的路上遇到了老友韦冰，心中积蓄已久的悲与喜难以言表，化作长诗以抒胸臆。

江夏赠韦南陵冰

胡骄马惊沙尘起，胡雏饮马天津水。
君为张掖近酒泉，我窜三巴九千里。
天地再新法令宽，夜郎迁客带霜寒。
西忆故人不可见，东风吹梦到长安。
宁期此地忽相遇，惊喜茫如堕烟雾。
玉箫金管喧四筵，苦心不得申长句。
昨日绣衣倾绿尊，病如桃李竟何言。
昔骑天子大宛马，今乘款段诸侯门。
赖遇南平豁方寸，复兼夫子持清论。
有似山开万里云，四望青天解人闷。
人闷还心闷，苦辛长苦辛。
愁来饮酒二千石，寒灰重暖生阳春。
山公醉后能骑马，别是风流贤主人。
头陀云月多僧气，山水何曾称人意？
不然鸣笳按鼓戏沧流，呼取江南女儿歌棹讴。
我且为君捶碎黄鹤楼，君亦为吾倒却鹦鹉洲。
赤壁争雄如梦里，且须歌舞宽离忧。

谁都不想让亲朋好友看到自己最狼狈的样子，李白也是如此。
战乱之后，李白被流放到三巴夜郎一带，而好友则将远赴张掖酒泉
为官。幸好天下大赦，当二人再次相见时，李白感慨万分，简直分
不清眼前是真还是幻。

酒席上摆满了丰盛的佳肴，让人垂涎三尺。艺妓们吹拉弹唱，
热闹非凡。可李白却一脸愁容，想起自己这坎坷多舛的一生，感慨
万千。

"世事一场大梦，人生几度秋凉？"经历了太多的大起大落，
李白的内心也充满了困惑、矛盾与彷徨。李白向老友倾诉这些年的

委屈和苦楚，老友则一边敬酒，一边劝慰，让他重拾希望之光。

　　世间自有公道，公道又自在人心。愁又有什么用呢？听了友人的劝慰，李白心头豁然开朗，他哈哈大笑着说："我要为你捶碎黄鹤楼，你也要为我推倒鹦鹉洲。我们一起江上泛舟，听歌赏舞，且觞且吟，尽情逍遥！"老友欣然同意，二人爽朗的笑声飞出窗外，在夜风中回荡，在高空中回响。

　　这首诗是李白劫后余生所作，有对往事的追忆、对过失的悔恨、对现状的无奈、对老友的感激，也有理想破灭的伤感、壮志难酬的悲愤，更有与眼前一切风雨和解的释然。诗中叙述与抒情相结合，结尾用调侃的语句与老友说笑，让读者看到那个乐观豪放的李太白又重生了。最后两句"赤壁争雄如梦里，且须歌舞宽离忧"和苏东坡的《念奴娇·赤壁怀古》中的"人生如梦，一尊还酹江月"有异曲同工之妙，尽显诗人的豪迈与洒脱。

卷四　山水谣——飞流直下三千尺

生活不止眼前的苟且，还有诗与远方。

乘风好去，长空万里，直下看山河。

第一章
疑是银河落九天

01　不敢高声语

追风逐日揽星河，鲜衣怒马少年郎。开元十三年（725年），二十五岁的李白离开蜀地，仗剑走天涯。这一天，他乘舟来到荆门，开启了楚地之旅。

荆门山位于湖北宜都，高险奇峻，俯视长江，自古以来都是荆楚的咽喉要塞。出了荆门，就意味着要与巴山楚水说再见了。

秋下荆门

霜落荆门江树空，布帆无恙挂秋风。
此行不为鲈鱼鲙，自爱名山入剡中。

蒹葭苍苍，白露为霜，秋风萧瑟，黄叶飘零，往日华盖如亭，而今盘虬卧龙。李白站在小舟之上，回首两岸江树凄迷枯涩，心中也有一点儿小失落。仰头望去，天高云淡，万类霜天竞自由，不觉又豁然开朗。

李白化用《晋书》中顾恺之"布帆无恙"的典故，来告知亲友此行一帆风顺；又借用西晋张翰"莼鲈之思"的典故，来表明此行的目的与自己的心志。

海阔凭鱼跃，天高任鸟飞。李白一路饱览名山大川，信手成诗，随口为词，带着世人云游天下。

夜宿山寺

危楼高百尺，手可摘星辰。
不敢高声语，恐惊天上人。

李白的这首诗何时何地而作至今仍是千古之谜。

天色渐晚，李白借宿山中寺庙，这寺中的楼足有百尺高，登上楼顶一伸手仿佛就可以摘到星星。李白站在楼中都不敢大声说话，唯恐惊动天上的神仙，那就太不礼貌了。

全诗采用夸张的手法，突出了山寺之高，"不敢""恐惊"等词语运用巧妙，借诗人复杂微妙的心理活动侧面烘托出一个"危"字。这首诗写得极具浪漫主义色彩，语言自然生动、情趣盎然，表现出李白率真、可爱的性情。

山为何山，寺为何寺，这都已经不重要了，李白的想象天马行空，任何一座高山都可以写得出神入化。所以，我们不必纠结它到底是湖北黄梅的江心寺，还是蓟州的乌牙寺，或是其他的名山古刹，只需要能像李白一样，眼中有江河，心中纵飞鸢，借山水怡情养心，用梦想为生活添彩。

02　凌空飞步

"巫山夹青天，巴水流若兹。巴水忽可尽，青天无到时。"第一次泛舟长江三峡，李白亲历其惊险，目睹其壮观，作诗词以表达三峡带给他数不清的惊喜与震撼。

自巴东舟行经瞿唐峡登巫山最高峰晚还题壁

江行几千里，海月十五圆。
始经瞿唐峡，遂步巫山巅。
巫山高不穷，巴国尽所历。

日边攀垂萝，霞外倚穹石。

飞步凌绝顶，极目无纤烟。

却顾失丹壑，仰观临青天。

青天若可扪，银汉去安在？

望云知苍梧，记水辨瀛海。

周游孤光晚，历览幽意多。

积雪照空谷，悲风鸣森柯。

归途行欲瞑，佳趣尚未歇，

江寒早啼猿，松暝已吐月。

月色何悠悠，清猿响啾啾。

辞山不忍听，挥策还孤舟。

李白顺流而下，不知不觉，已离家乡千里之外。海上一轮满月高悬，如硕大的珍珠，晶莹圆润、清辉四溢。从瞿唐峡到巫山，一路上风光旖旎，云蒸霞蔚，令人目不暇接。

登上山顶，李白极目远眺，不见丹崖绝壁，只见山外青山天外天。青天仿佛触手可及，不知银河距此还有多远。远处的飞云正在追逐着滔滔不绝的江水，空谷中的积雪还在夕阳下闪着柔和的光芒。李白如痴如醉地看着，忘记了时间，忘记了乏累，也忘记了自己。

黄昏时分，天色暗淡，风在摇曳的枝头低吟，猿猴在两岸的林间哀鸣，那声音过于凄惨，长一声，短一声，此起彼伏，让人黯然神伤。李白终于明白了郦道元在《三峡》中所说的"巴东三峡巫峡长，猿鸣三声泪沾裳"是种什么样的感觉。他不忍再听，只能快步下山，挥别巫山回到船上。夜色迷离，山石入梦，唯有皓月如灯，涛声依旧……

此诗以江月起笔，倒叙一天登山过程中详细的见闻，有会当凌绝顶的惊喜，有伸手揽日月的神奇，有极目观山水的自在，也有惊闻猿凄声的悲凉……诗人的情感复杂多变，在文字中跌宕起伏，很容易引发读者的共鸣。而此诗想象丰富，语言清丽简约，不落俗套，敛而不肆，更加耐人寻味。

03 百丈飞练

李白告别荆门，穿过三峡，前往金陵，途中经江西庐山，看到飞瀑如练，水花飞溅，不由又诗意大发。

望庐山瀑布二首（其一）

西登香炉峰，南见瀑布水。
挂流三百丈，喷壑数十里。
欻如飞电来，隐若白虹起。
初惊河汉落，半洒云天里。
仰观势转雄，壮哉造化功。
海风吹不断，江月照还空。
空中乱潈射，左右洗青壁；
飞珠散轻霞，流沫沸穹石。
而我乐名山，对之心益闲；
无论漱琼液，还得洗尘颜。
且谐宿所好，永愿辞人间。

庐山香炉峰，因形似香炉而得名，山中飞泻出来的瀑布高达三百丈，喷涌出的溪水也数十里长。瀑布水流快似闪电，亮似白虹，若银河垂落，又如江河奔涌，声赛惊雷，水花四溅，气势磅礴，壮阔天成。

李白一路上也见过不少高山瀑布，但像庐山瀑布这样壮美的景象则绝无仅有。这里的泉水清澈至极，不仅可以洗去身心的疲惫，更能化成美酒沁人心脾。如果能和老友在此隐居，岂不是快乐似神仙？想到这里，李白粲然一笑，那笑容和明月一样朗朗，不染半点尘埃。

这是一首五言古诗，细致又生动地再现了庐山瀑布的奇丽景观。飘逸自然、如沐春风、超迈横绝、收放自如，别有一番妙趣。

然而此诗再好，与另一首相比仍略输一筹。

望庐山瀑布二首（其二）

日照香炉生紫烟，遥看瀑布挂前川。
飞流直下三千尺，疑是银河落九天。

天朗气清，惠风和畅。温暖灿烂的阳光，照在高高的香炉山上，云雾缭绕间紫烟隐隐升起，仿佛仙境大门徐徐打开。远远望去，一条像长河一样的瀑布高悬于山前，让人叹为观止。那飞泻直下的流水呼啸如风、奔腾若骥，至少也有三千尺长，让人不禁猜疑是银河从天而降，吹落在这山峦之间，一泻万里，不忍离去。紫烟袅袅升腾，天地一片朦胧，我们被李白引入一个奇幻又美丽的神仙境界内，流连忘返。

古往今来多少文人墨客都曾拜访过庐山，留下许多墨宝，却没有一首可以和李白的《望庐山瀑布二首（其二）》媲美。这首诗虽然只有短短的四句，但想象瑰丽、意境深远、言简义丰、字字珠玑、气势恢宏、纵横自如，更显李白诗歌的豪放美与率真气。难怪苏轼赞曰："帝遣银河一派垂，古来唯有谪仙词。"

天下名山众多，但李白对庐山情有独钟。一生至少五次登临此山，安史之乱爆发后，他带着妻子又来到此地隐居。庐山对他来说，是一种特殊的慰藉与归属。

登庐山五老峰

庐山东南五老峰，青天削出金芙蓉。
九江秀色可揽结，吾将此地巢云松。

庐山东南部有五座奇峰相连，就像五位老人并肩而立，笑看世间风云变幻。因古代五老在此为帝王授《河图》《洛书》，所以又称为"五老峰"。峰峦参天，直上云霄，高不可测。远远望去，亦如一朵金色的莲花,在阳光的映射下,熠熠生辉,分外耀眼。

登上峰顶,九江之秀色尽收眼底。远处的云如织,在水中浮起一朵朵雪白的涟漪。李白深深地陶醉于这如诗如画的景色,于是在山下筑舍读书,沐四季松香,听晨风暮雨,一壶酒、一卷书、一片云、一个梦……

在仕途上屡受挫折,晚年的李白更倾向于宁静的生活,隐居青松白云间,且放白鹿青崖边,"安能摧眉折腰事权贵,使我不得开心颜"。走出半生,归来仍是少年!

第二章
凤凰台上凤凰游

01 别意与之谁短长

"江南好，风景旧曾谙，日出江花红胜火，春来江水绿如蓝。能不忆江南？"江南的柔美与多情，让多少文人墨客流连忘返。而作为六朝古都的金陵，更让许多迁客骚人怀古伤今，浮想联翩。

开元十三年（725年），仗剑走天涯的李白来到了金陵，小桥流水人家的江南美景，让他切身体验到了人在画中游的诗意。

金陵城西楼月下吟

金陵夜寂凉风发，独上高楼望吴越。
白云映水摇空城，白露垂珠滴秋月。
月下沉吟久不归，古来相接眼中稀。
解道澄江净如练，令人长忆谢玄晖。

金陵的史册上，铭刻着东晋、南朝的宋、齐、梁、陈等国家的兴衰成败。李白来到西楼，想起当年在此地吟诗的西晋诗人孙楚，不由得也心生感慨，一边在月下徘徊，一边倾诉自己的心语。秋风习习，夜色如水，李白一个人站在高高的城楼上，向远处吴越的方向眺望。吟诵着陈子昂的"前不见古人，后不见来者，念天地之悠悠，独怆然而涕下"，心底不由又生出几分悲凉和寂寞之感。

天上飘逸的白云，借着明媚的月色，在水中投下洁白的倩影，而城垣也被这静谧的夜色所感染，高大的倒影映在水面，随着清波的涟漪轻轻摇曳。寒露在月光的凝视中越发变得晶莹，她们低着头，仿佛伊人的眼泪，怀着各自的心事在夜色中缄默。李白看着天上的明月，轻语低吟，却无人回应，他不禁长叹一声："唉！自古至今，能与我一起吟诗作对的又有几人呢？"

李白又想起了南朝齐著名的诗人谢朓，他也曾于傍晚时分登上三山回望国都，写下了"余霞散成绮，澄江静如练"的名句。而此时李白的境遇，与其又是何等的相似：同样的满腹才华，同样的怀才不遇，同样的怀古伤今，同样的知音难觅……

李白站在金陵城上，也站在历史的月光中。他的思维穿越时空，情怀超凡脱俗，苍凉悲壮的主旋律贯穿诗歌始终，让我们清楚地看到李白潇洒自信的背后藏着一张忧郁落寞的脸。

金陵虽好，但并不是长久之地。半年之后，李白又要前往扬州，临行前朋友为他举杯送行。

金陵酒肆留别

风吹柳花满店香，吴姬压酒唤客尝。
金陵子弟来相送，欲行不行各尽觞。
请君试问东流水，别意与之谁短长？

风吹柳花扬，小河水流淌，吴姬捧玉盏，满室溢酒香。酒席上宾客们推杯换盏，频频敬酒，李白和大家举杯痛饮，难舍难分之情都融入这闪着琥珀光的美酒中，不言而喻。李后主将那满腹的家国愁绪化作"一江春水向东流"，可如果把离情别意和这滔滔的江水相比，到底谁要更长一点呢？

李白虽是异乡人，却也在金陵交了不少新朋友。江南好，风景如画；金陵美，亭台如云。在这多情柔美的暮春时节，李白却要与好友们挥手而别，又怎能不让人感伤呢？杨花粘住他的衣角，小河拦住他的脚步，似乎都在对他依依不舍。

此情此景，让李白也很动容，但他还是举起杯与大家潇洒而别。

山高水长，后会有期。李白相信：今生有缘，他还会回到金陵，与老友们互道别来无恙，喝个不醉不归。

02 天下伤心处

天宝八年（749 年），四十九岁的李白再次来到金陵。此时的他，已不再是风华正茂的鲜衣少年，而是面带沧桑、仕途无果的中年大叔。二十多年过去了，当年那些送别的好友，也不知都到哪里讨生计了，只剩下孤独的李白，站在劳劳亭前，追忆过去相聚时的美好时光，更显寂寞无依。

劳劳亭

天下伤心处，劳劳送客亭。
春风知别苦，不遣柳条青。

劳劳亭是三国时期吴国所建，为古时送别之所。因建于劳劳山之上，所以取名"劳劳亭"。

多情自古伤离别，长亭接短亭。在李白眼中，天下最让人伤心断肠的地方，正是这劳劳亭。多少人在此洒泪而别，儿女共沾巾。因为"柳"与"留"谐音，古人有"折柳"送客的习俗，表达一种惜别、挽留之情。连春风都知道离别之苦，所以不催促柳枝太早泛青，免得看到更多伤离别的场景。

李白的这首诗写得十分自然朴实，毫无着力的痕迹，反倒更能触动离别者心头最敏感的那根弦，与其同频共振，共唱依依不舍之音。

看到每日在劳劳亭相依相别的男男女女，李白的心中也想到了怀才不遇的自己。都说千金易得，知音难觅，天涯海角有穷时，可是真正懂自己的人又在哪里？

劳劳亭歌

> 金陵劳劳送客堂，蔓草离离生道旁。
> 古情不尽东流水，此地悲风愁白杨。
> 我乘素舸同康乐，朗咏清川飞夜霜。
> 昔闻牛渚吟五章，今来何谢袁家郎。
> 苦竹寒声动秋月，独宿空帘归梦长。

长亭外，古道边，野草离离，长路漫漫。来来往往的人们，在此地洒泪而别，连风中都弥漫着一种苦涩的味道。滚滚东流的江水，也难以挽留分离的脚步，只能眼睁睁地看着它无情地离去。没有回首，没有归期，任凭岸边的柳枝拼命挥手，雪白的杨花随风追去，也无法改写这生离死别的结局。而李白无人可送，也无人相迎，在人群中倍显落魄与孤独。想起当年分别时的热闹景象，而今却人去楼空，物是人非，李白也忍不住眼圈微红。

谢灵运曾说："天下才共一石，曹子建独得八斗，我得一斗，自古及今共用一斗。"可只惜谢灵运生得太早，没见过李白与苏轼，否则至少也得给他们各分一斗。李白不敢和曹植媲美，但希望能与谢灵运比肩，所以他也乘着素雅的小船，在夜色中泛舟吟诗，独享清冷的月色与霜意。

《晋书·文苑传》中曾记载，东晋文学家袁宏（小名袁虎）未成名前曾在牛渚之下咏诗，得到了谢尚的赏识后终成大器。李白自认为才气不逊色于袁宏，只可惜知音难觅。

夜风越来越冷，月光也越来越寒，倍感孤独寂寞的李白，仿佛被世间遗忘似的，一个人独守着空船，在江面上没有方向地流浪。在山东被嘲，在长安碰壁，而今天又四海漂泊，无根无基，李白行路到底有多难，或许也只有他自己知晓。仕途不顺，壮志难酬，他积攒了太多的委屈和愤懑，全部都融入这首诗中倾诉。借景抒情，化典自喻，李白心有不甘但豪情尚在，即使现实再残酷，他也要寄希望于梦乡，在梦中，他仍可以化为大鹏鸟，扶摇直上！

03 凤去台空江自流

据《宋书·符瑞志》记载：元嘉十四年（437年），有三只美丽的大鸟落在金陵永昌里王家的宅院之中，它们形如孔雀，但鸣声清脆悦耳，羽毛艳丽脱俗，乃世间罕见之奇鸟。更奇异的是，此鸟的歌声竟然吸引来更多的鸟儿，它们跟随这三只大鸟同飞同栖，并围在一起载歌载舞，世人都说这三只大鸟就是传说中的凤凰，而这种奇观就是"百鸟朝凤"。

凤凰降临，天下太平，为了纪念此事，扬州刺史、彭城王刘义康下令将永昌里改为"凤凰里"，并精心挑选了一座秀美的高山建筑高台，取名为"凤凰台"，而此山又叫"凤台山"。当郁郁不得志的李白，登上这高高的凤凰台时，追古思今，心潮澎湃。

登金陵凤凰台

凤凰台上凤凰游，凤去台空江自流。
吴宫花草埋幽径，晋代衣冠成古丘。
三山半落青天外，二水中分白鹭洲。
总为浮云能蔽日，长安不见使人愁。

凤凰台上曾经有凤凰自由飞翔，而今凤去台空，只剩下江水东流，一切都化为回忆。

这世间又有什么是不朽的呢？吴国的宫殿已变为一片废墟，荒草丛生；晋代的才子名流，也都尘归尘，土归土。曾经的辉煌都不再闪烁，追逐的功名也化为乌有，唯有这山与水不争不抢、无烦无忧，反倒可以纵横世间千百年，笑看历史跌宕起伏，岁月风云变化。

然而作为红尘俗客，谁又能轻易放弃心中的梦想。李白素有做布衣卿相的志向，纵使多次遭遇风雨袭击，但胸膛中的小火苗并没有完全熄灭。站在凤凰台上，李白眺望着长安的方向，纵使眼前浮云重重遮天蔽日，内心愁云惨淡、波涛起伏，也不改最初的愿望。

有人说李白写此诗是为了挑战崔颢的《黄鹤楼》，仔细品读这两首诗，二者的确在句式和词语方面有相似之处，但是从诗的意境和情怀来说，它们又各有千秋。

崔颢的《黄鹤楼》主要借景抒发怀古思乡之情，但李白的这首《登金陵凤凰台》则是表达了忧国伤时悲己之感，其中又夹杂着诗人对怀才不遇的无奈、对世事无常的感叹、对美好未来的向往、对仕途不畅的愤懑、对黑暗现实的讽刺。全诗沉郁大气、荡气回肠、情景交融、哲思相映、虚实结合、意境开阔，言有尽而余音绕梁，更耐人追忆与寻味。

第三章
弃世何悠哉

01 乘兴而来，兴尽而归

开元二十八年（740 年），妻子许氏去世，四十岁的李白带着两个孩子离开许家，来到山东寓居。这一天夜晚，月朗星稀，清风徐来，李白雅兴大发，泛舟东鲁门，作诗二首。

东鲁门泛舟二首

其一

日落沙明天倒开，波摇石动水萦回。

轻舟泛月寻溪转，疑是山阴雪后来。

其二

水作青龙盘石堤，桃花夹岸鲁门西。

若教月下乘舟去，何啻风流到剡溪。

夕阳西下，沙地上的白沙却显得格外耀眼，仿佛天地调换了方位。流水匆匆，波澜起伏，冲击着两岸的礁石，击起雪白的水花和回旋的清波，夜的交响曲在天地间回响，令人痴醉。李白兴致勃勃地泛舟月下，顺流而行，脑海中不由自主地又浮现出《世说新语》中王徽之雪夜访戴的故事。

王徽之是东晋大书法家王羲之的儿子，字子猷，家住山阴（今浙江绍兴），是一个性情很爽快洒脱的人。一天夜里，天降大雪，天地一片洁白，仿佛是瑶台仙境。王徽之忽然想到好友戴逵家住在剡县，于是连夜乘舟拜访。可是好不容易到了戴家门口，王徽之却没有上前敲门，而是微笑着转身离开。童子不解地问："行了一夜的船，公子怎么不进去与老友相会呢？"王徽之却笑着说："我本乘兴而来，兴尽而返，又何必要见他呢？"

李白看着这美丽的月夜，仿佛自己就是雪夜访友的王徽之。乘兴而来，物我两忘，有种飘然成仙的错觉。江水似练，桃花夹岸，星河鹭起，渔舟唱晚，如此曼妙的夜色，让李白流连忘返。

月夜泛舟和雪夜泛舟一样浪漫，李白泛舟湖上，优哉游哉，仿佛与古代名士同游，脸上又浮现出几分自豪和得意的神情。此诗巧用典故、情景交融、诗中有画、意境灵动。难怪明代敖英在《唐诗绝句类选》中评价此诗："缀景之妙，如画中神品，气韵生动。"

《陶庵梦忆》是明末清初文人张岱的散文集，里面有一篇著名的文章叫《湖心亭看雪》，曾被收录到初中生语文教科书里。张岱是一个很浪漫的人，他在大雪之后的一个夜晚，乘着小船，裹着裘皮大衣，围着炉火，独自前往杭州湖心亭看雪。

在亭子里，张岱遇到了两个金陵人，也一样有闲情雅致出来赏雪。三人虽不相识，但相遇就是缘分，他们痛快对饮三大杯，而后拱手告辞。这既是萍水相逢的快乐，也是邂逅知音的幸福。

李白与张岱、王徽之等人都是性情中人，个性洒脱、特立独行，活出了真我的风采。而他们又都善于用文字来表达心声，容易与读者共情，对后世影响也更为深远。

02　万里清风来

杜甫没有登临泰山，却凭一首《望岳》冠绝古今。而李太白却真的登临绝顶，一览众山小。天宝元年（742年），四十二岁的李白登上了东岳之巅，为巍峨的泰山写下了六首颂歌。

游泰山六首（其一）

四月上泰山，石平御道开。
六龙过万壑，涧谷随萦回。
马迹绕碧峰，于今满青苔。
飞流洒绝巘，水急松声哀。
北眺崿嶂奇，倾崖向东摧。
洞门闭石扇，地底兴云雷。
登高望蓬流，想象金银台。
天门一长啸，万里清风来。
玉女四五人，飘飘下九垓。
含笑引素手，遗我流霞杯。
稽首再拜之，自愧非仙才。
旷然小宇宙，弃世何悠哉。

李白登泰山，无论是路径还是见闻，都和常人不一样，散发着浓浓的仙气。当年天子去泰山封禅，驾着六匹御马，何等气派威风。李白想象着那时恢宏壮观的场面，沿着天子走过的道路蜿蜒前行。

青山迢迢，溪谷回旋，曾经的车辙、马蹄印早已隐没于青苔之间，难以追寻。李白沿着山路向高高的南天门走去，但见山中的景色依旧奇丽，悬泉飞瀑、疾流若奔、陡崖绝壁、石门紧闭，似乎在等待着天上的使者将其打开。山间云雾缭绕、雷声滚滚，远处果然有仙山宝台浮现。李白登上山顶，忽听一声长啸，顿感清风入怀，又有一阵香气袭来，但见几个身着彩裙的仙子在半空中翩翩起舞。她们袅袅婷婷、婀娜多姿，轻轻地飞舞到李白的面前，嫣然一笑，伸出纤纤玉手，为他斟满仙露琼浆。李白受宠若惊，却无以为报，只好不断地稽首还礼以示感谢，为自己是个肉眼凡胎、难以成仙的俗人而感到惭愧。

诗人借想象描绘一个奇妙又美丽的蓬莱仙境，虚实交错，情景共生，让读者快乐地徜徉在这个旷然的小宇宙中，优哉游哉，流连忘返。

游泰山六首（其二）

清晓骑白鹿，直上天门山。
山际逢羽人，方瞳好容颜。
扪萝欲就语，却掩青云关。
遗我鸟迹书，飘然落岩间。
其字乃上古，读之了不闲。
感此三叹息，从师方未还。

　　一天早晨，李白骑着他的小白鹿，一步步登上了天门山。在山中，他遇到了一个神仙，童颜鹤发、双眼炯炯、满面红光、身带紫气。

　　李白被这个人的仙家气场所震住了，忍不住想上前和他请教交流，于是抓着藤萝不断向上攀缘，希望能接近仙人。没想到仙人一看到他，却一闪身隐藏于云雾之中，不见踪迹，让李白好生遗憾。

　　不久，空中飘落了一封书信，打开一看，上面写的字都是上古时期的文字，看样子很像是仓颉创造出来的"鸟迹文"。李白虽然学过一些纵鸟术，听得懂鸟语，但对这些"鸟迹文"却一无所知，不解其中意，心中一片茫然。

　　纵观李白这六首诗，采用了大胆的想象和夸张手法，既描绘与歌颂了泰山的奇丽和雄伟，又展现了诗人超然的宇宙观。李白不是画家，却胜似画家，他用写意的笔法将自然山水与人文山水巧妙融合，在天地间展开了一幅壮丽辽阔的宏伟长卷，壮哉美哉！

03　我欲乘风归去

　　当现实和梦想摩擦出的火花燃烧得肌骨都隐隐作痛时，放手还是坚持，对于李白来说也是一个很难的选择。

登太白峰

西上太白峰，夕阳穷登攀。

太白与我语，为我开天关。

愿乘泠风去，直出浮云间。

举手可近月，前行若无山。

一别武功去，何时复更还？

太白山作为秦岭的主峰，最高峰拔仙台海拔 3771.2 米，比泰山主峰玉皇顶的二倍还要高。因山顶常有积雪，所以名唤"太白"。

都说无限风光在险峰，李白站在山顶，纵观着碧水云天交织在一起，接受着远山对他的问候，胸中不由得又多了几分自豪之情。忽然，他听到一个奇怪的声音，很微弱，却又很神秘。原来是太白金星在对他低声细语，二人相聊甚欢，似乎是多年未见的老朋友，仙人还愿意为他打开天门，迎接他进入仙境。

李白也想乘清风而去，在云海中任意翱翔，伸手就可以接近美丽的婵娟，挥一挥衣袖就可以跨越万水千山，没有什么可以阻碍自己的方向，无牵无挂、无拘无束。但是，李白知道这都只是美梦一场。梦醒时分，他还是舍不得离开人间。所以才会问："如果离开武功山，何时才能再回来呢？"

多年以后，宋代有一个叫苏轼的大文豪，也曾发过类似的灵魂拷问："我欲乘风归去，又恐琼楼玉宇，高处不胜寒。起舞弄清影，何似在人间？"

李白和苏轼一样，在梦想与现实中不断挣扎与徘徊。他们都想在功成名就后归隐，只可惜壮志难酬，又不甘心就这么放弃，于是一直在矛盾中等待被天子重用、施展抱负的机会。

李白何时登上这高高的太白山，一直没有定论。有人说此诗是他初入长安之时的迷惘之作，也有人认为是他被天子召到长安后的苦闷之作。通过诗中所流露出的欲罢不舍、欲走还留的矛盾心理，可以推测出应该是李白第二次来到长安时所作。表面上美梦成真，实则只是南柯一梦，李白在天子身边并没有被重用，他不甘，他不服，却又无力反抗。所以，诗中的李白并没有登高的快意和洒脱，反而一脸愁容，满怀离索。

从此乘风归去，不问红尘是非，也是一个很酷的选择。在现实给他上了无数节"摔跤课"后，李白还是犹豫不决。留下还是离开，真是一道很折磨人的难题。

第四章
缘愁似个长

01　登高丘，望远海

凡人想要长命百岁，但天子祈求万寿无疆，所以，他们四处求仙拜佛，寻找仙术、仙丹，想要长生。但过于痴迷这些，反而会耽误治国大事，甚至丧命亡国。

秦始皇统一六国后不仅大兴土木，还多次东巡，拜海求仙，追求长生，甚至不惜让徐福带着三千童男童女出海寻找神仙求药。最终仙没求成，他却死于第五次东巡途中，而他拼尽半生打下来的江山，也在二儿子胡亥的手中断送。相传项羽一把大火烧了阿房宫，始皇帝的千秋帝王梦彻底破碎。

历史总会在适当的时候重演，唐玄宗晚年时期，不仅沉迷于声乐酒色，滥用奸臣小人，也一心想要修道成仙。靡靡之音笼罩在大唐的天空，积成层层阴云。李白站在高山之上，眺望着长安城的方向，感叹自己生不逢时，暗笑明皇并不圣明。

登高丘而望远

登高丘，望远海。
六鳌骨已霜，三山流安在？
扶桑半摧折，白日沈光彩。
银台金阙如梦中，秦皇汉武空相待。
精卫费木石，鼋鼍无所凭。
君不见骊山茂陵尽灰灭，牧羊之子来攀登。

盗贼劫宝玉，精灵竟何能？

穷兵黩武今如此，鼎湖飞龙安可乘？

　　天边的白云似波涛汹涌，而海面上的浪花又宛如云朵翻腾，天海一片苍茫，但云与浪渐渐都化为泡影。李白立于高山之巅，想起了曹孟德的"神龟虽寿，犹有竟时；螣蛇乘雾，终为土灰"，心中充满了疑惑：如果万物都不能长生，那传说中的东海六鳌，最终也会变成一堆白骨；那托起太阳的扶桑树，或许也早已化成枯木。天地之间，到底什么才是真正的永恒？

　　金银玉石雕砌的楼阁，奇花异草装点的瑶台，曾经是秦皇汉武的最华美的宫殿，但他们骄奢淫逸、穷兵黩武，最终万物都变成一场空。

　　我们看到的只是秦二世而亡，西汉变成了东汉，再伟大的帝王也埋入了坟丘，再华丽的宫殿也成了一片废墟，连放牛娃都可以在上面随意践踏，许多遗世的珍宝被盗贼们洗劫一空。帝王们求仙拜佛，挥金如土，但神佛并没有真正地护佑他们，也没有让他们永生，更没有让他们的江山千秋万代。

　　杜甫有一副菩萨心肠，敢替百姓鸣不平："朱门酒肉臭，路有冻死骨。"元代张养浩也曾在《山坡羊·潼关怀古》中发出了类似的感慨："伤心秦汉经行处，宫阙万间都做了土。兴，百姓苦；亡，百姓苦。"李白又何尝不是如此？这首诗借古讽今，矛头直指当朝天子，诗中化用了大量的典故，用浪漫的笔法讽刺阴暗残酷的现实，尽显诗人胸中的愤懑之情，表现出他爱国忧民的热忱之心。

02　对酒遂作梁园歌

　　李白在天子身边工作得并不痛快，于是辞职离京，和好友来到了河南商丘一带，一同游览传说中的梁园。

　　梁园是汉代梁孝王刘武所建的一座宏大气派的皇家园林，方圆三百里，集亭台楼阁、假山池沼、奇花异草、珍禽异兽于园中，可游玩、观赏、狩猎，后来又成了司马相如等文人雅集的圣地。然而时过境迁，如今的梁园已找不到往日的热闹繁华，李白徜徉其中，感慨万千。

梁园吟

我浮黄河去京阙，挂席欲进波连山。
天长水阔厌远涉，访古始及平台间。
平台为客忧思多，对酒遂作梁园歌。
却忆蓬池阮公咏，因吟"渌水扬洪波"。
洪波浩荡迷旧国，路远西归安可得！
人生达命岂暇愁，且饮美酒登高楼。
平头奴子摇大扇，五月不热疑清秋。
玉盘杨梅为君设，吴盐如花皎白雪。
持盐把酒但饮之，莫学夷齐事高洁。
昔人豪贵信陵君，今人耕种信陵坟。
荒城虚照碧山月，古木尽入苍梧云。
梁王宫阙今安在？枚马先归不相待。
舞影歌声散绿池，空余汴水东流海。
沉吟此事泪满衣，黄金买醉未能归。
连呼五白行六博，分曹赌酒酣驰晖。
歌且谣，意方远。
东山高卧时起来，欲济苍生未应晚。

京城与梁园远隔千山万水，李白来到这里并不容易。而他初离长安时，也曾多次回眸，太多的不甘与不舍、无奈与无情，都化作滔滔的江水滚滚东流……

漫步于梁园之中，李白似乎看见了许多熟悉的"老朋友"：守正不阿的阮籍、忠心进谏的枚乘、才华横溢的司马相如。他们对着李白会心一笑，却又沉默不语，似乎在赞许他离京的选择。李白也对他们一拱手，不由念出了阮籍的《咏怀》："徘徊蓬池上，还顾望大梁。绿水扬洪波，旷野莽茫茫……"李白的心弦也在与阮籍等人同频共振，一样的伤感和悲愤，在树梢间盘旋回响，在清池上荡起层层涟漪。

岁月的回忆，碎成那一池春水，汩汩东流。看着眼前的灯红酒绿，李白忽又想到了热闹繁华的长安、金碧辉煌的长安、天子驾六的长安、那个让他魂牵梦萦又肝肠寸断的长安。

既然无法改变现状，那就索性先放下吧，做个山中隐士也很不错，就像那东晋的谢安、三国的诸葛孔明，待机遇成熟时自会有人主动邀请出山。想到这里，李白又转忧为喜，斗志昂扬，提笔在梁园的墙壁上题诗一首，这就是著名的《梁园吟》。

这首诗是诗人情绪的交响曲、大开大合、大起大落、沉郁悲壮、雄浑深远、古今纵横、巧妙用典，让我们看到了李白的血与伤、泪与笑，还有心中不灭的那团火。

03　怎一个愁字了得

天宝十三年（754 年），李白云游天下，第二次来到秋浦，但因为心中的郁郁不得志，再见青山秀水却难露欢颜。

李白在梁园之壁写下了满腔悲愤，在秋浦江上则洒下了太多忧愁。"秋浦长似秋，萧条使人愁""秋浦猿夜愁，黄山堪白头""愁作秋浦客，强看秋浦花"……

秋浦歌十七首（其十五）

白发三千丈，缘愁似个长。
不知明镜里，何处得秋霜。

白发为何长达三千丈？因为满怀愁绪所以才野蛮疯长。看看铜镜中的自己，不知又因为何事徒增了许多白发，李白的眉头愁云叠起，密密重重。

在十七首《秋浦歌》中，第十五首是最广为流传的。李白用夸张的手法渲染自己的哀愁，一答一问，从不同角度突出一个"愁"

字，表现了心中难以排解的忧愁与苦闷，无止无休。

　　我们读了太多李白豪气狂放、浪漫洒脱的诗篇，即使借月抒怀、借酒浇愁，最终也会一笑了之，潇洒而去。可纵观这十七首《秋浦歌》，不是泪，就是愁，与李白以往诗歌风格截然不同。一切景语皆情语，此时的李白也已年过半百，离京十年他一直四处游荡，山水可以怡情，却难以彻底治愈心灵的伤痛。君主日渐消颓，安禄山野心勃勃，小人争权夺势，内忧外患一经爆发，后果不堪设想。这一组《秋浦歌》中天马行空的想象犹在，但字里行间却流露出诗人忧国忧民、伤时悲己的复杂情感，令人读罢也会为之动容。

第五章
相看两不厌

01　轻舟飞渡

李白本想借永王之飓风直冲云霄达于南溟，没想到竟被卷入叛军的旋涡中难以自拔。永王死于乱军之中，而李白则被流放夜郎。他从九江逆流而上，经过长江三峡。辞别了前来送行的妻子与妻弟，独自漂荡在山水之间，仿佛无依无靠的一叶孤舟，心中充满了浓浓的寂寞。

上三峡

> 巫山夹青天，巴水流若兹。
> 巴水忽可尽，青天无到时。
> 三朝上黄牛，三暮行太迟。
> 三朝又三暮，不觉鬓成丝。

巫山高耸入云，隐天蔽日，仿佛将青天夹于峰峦之中；而长江水则像一条柔软的飘带，围绕着高大的巫山，为它镶嵌了一条宽阔又闪亮的银边。山不转水转，江水一路向前渐渐消失于山的尽头，可青天却一碧如旧。

李白一会儿看云，一会儿看水，一会儿看山，一会儿看天。他好想变成一只飞鸟，展翅于山之巅、云之外。可现在，他连这只小船都下不去，只能任它不断地漂啊漂啊，围着黄牛山兜兜转转。一连三天三夜，小船都没有转出去。李白愁啊，看看江中的自己，两鬓又添了许多白发，不知几时才能到达夜郎，更不知以后还有没有机会返回中原。

李白巧妙地化用民谣入诗，结合自身的经历和感悟，表现了诗人途经三峡时行船的艰难与内心的忧虑。全诗情景交融，语言自然生动，客观现实与主观感悟有机结合，句句无愁却又突出一个"愁"字，言有尽而意无穷。

乾元二年（759年）春，天下大赦，李白当时正行至白帝城，闻此喜讯后欣喜若狂，立即乘舟顺流而下，再次与三峡相遇时，心情截然不同。

早发白帝城

朝辞白帝彩云间，千里江陵一日还。

两岸猿声啼不住，轻舟已过万重山。

旭日东升，朝霞满天，李白一大早就高高兴兴地从白帝城出发，挥一挥衣袖，作别天上的云彩。小船像离弦的箭，顺着湍急的水流，向江陵飞速驶去。远隔千里又有何妨，他相信，以这样的速度一天之内定能到达。

长江水似乎也懂得李白的心，去时弯弯绕绕，好像故意在拖延时间，不让他去那地方受苦；回来时则船只风驰电掣，想把李白快点送到亲友身边。两岸的猿猴声又在山谷中回荡，还是那么伤感，但此时的李白心情豁然开朗，并不受其影响，更何况他的"小快艇"已经迅速穿过了一重重山，早把那些猿声甩在脑后。

重获新生让李白又"老夫聊发少年狂"，站在船头振臂高歌。一个"轻"字画龙点睛，既指出船轻速度快，又表现出诗人如脱笼之鸟的轻松愉悦之情。全诗情景交融、飘逸自如、气势如瀑、洒脱劲爽、快感十足，让人读后也忍不住连呼三声"痛快"，难怪《唐诗训解》中对其赞曰："笔势迅如下峡！"

02　愿为月下仙

李白的"小快艇"行至岳州（今湖南岳阳）时，恰好与族叔李晔、好友贾至偶遇。他乡遇故知，乃人生一大喜事。可当李白听说二人的遭遇后，不由得又长叹一声。

李晔原是刑部侍郎，也是李白的族叔，因为遭遇小人妒忌和陷害，被贬到岭南道境内做县尉，路过岳州时偶遇李白，叔侄多年不见，抱头而泣。而贾至比李白小17岁，是礼部尚书贾曾之子。安史之乱时随玄宗逃往蜀州避难，曾做过汝州刺史等职，而今又被贬为岳州司马。

看看落魄的二人，再想想差点被流放到夜郎的自己，李白一脸苦笑。三人一同泛舟于洞庭湖，一觞一咏，畅续旧情。

陪族叔刑部侍郎晔及中书贾舍人至游洞庭五首

其一

洞庭西望楚江分，水尽南天不见云。
日落长沙秋色远，不知何处吊湘君。

其二

南湖秋水夜无烟，耐可乘流直上天？
且就洞庭赊月色，将船买酒白云边。

其三

洛阳才子谪湘川，元礼同舟月下仙。
记得长安还欲笑，不知何处是西天？

其四

洞庭湖西秋月辉，潇湘江北早鸿飞。
醉客满船歌白苎，不知霜露入秋衣。

其五

帝子潇湘去不还，空余秋草洞庭间。

淡扫明湖开玉镜，丹青画出是君山。

洞庭天下秀，银镜映青螺。远远望去，天山共色、云烟俱净，世界仿佛刚洗过一样纯净通透。而到了傍晚时分，皓月朗朗、无雾无烟，爱幻想的李白又陷入了新的"困惑"。

他很想去看望湘君，送他一支美丽的菡萏，可是屈指一算，洞庭湖距离长沙约有三百里，现在出发肯定不行；他又想乘风归去，拜访天上的仙人，可是这湖面太安静了，无风可凭，无浪可驭，无烟可乘，李白笑着摇摇头，继续和李、贾二人举杯共饮，谈笑间一切烦恼化为灰烬。

秋月朗朗，大雁南飞，贾至唱起了《白纻歌》，李白和李晔也随声附和。歌声从小船飘向远方，萦绕在洞庭湖上如丝如缕，绵绵不断。李白不禁又想起了那传说中的湘夫人，不知她听到此歌，是否也会有所感动。

湖水如镜，画山逶迤，仙人轻舞，只此青绿。五首小诗，一脉相通，从不同角度切入，既描绘了洞庭湖的秀美风光，也寄托了李白复杂微妙的情绪。在诗中，李白多处用典，并将叔父李晔比作河南尹李膺，又把好友贾至比作洛阳才子贾谊，既表达了对他们仕途坎坷的同情，也对二人的才华与人品进行了高度的赞颂。

03　只有敬亭山

在安徽宣城北十里，有一座美丽的敬亭山，原名为昭亭山，后来为了避讳司马昭的名字而改名为敬亭山。李白曾多次来到宣城，常独自在山中静坐，每一次都仿佛在与内心对话。

独坐敬亭山

众鸟高飞尽，孤云独去闲。
相看两不厌，只有敬亭山。

群鸟在山巅徘徊，也曾在林间驻足，但最终还是飞向了远方，连头都没有回。孤独的云在天际飘来飘去，就像江上的小舟，任意西东，悠闲自在，不知不觉也游向了他处，只剩下一抹无尘的蔚蓝。

李白独自一个人坐在山中，静静地看着眼前这座山，就像注视着一位老友。而大山也静静地望着他，眼中充满了关心与理解。他们就这样，你看着我，我看着你，一切尽在不言中……

这首诗写作时间众说不一，但从诗人的心态来看，更像是晚年时光的作品。年少时自命不凡，四处拜谒，希望能"大鹏一日同风起，扶摇直上九万里"。但入仕比蜀道还难，英雄苦守梦想多年，但终无用武之地，他也只好摇头悲叹，什么建功立业、布衣卿相，不过是黄粱一梦罢了。

鲍照曾诗云："泻水置平地，各自东西南北流。人生亦有命，安能行叹复坐愁？"凡事自有天意，不必强求，顺其自然，才能知足常乐。李白看着大山淡淡一笑，心中的那些浮云也都散开了；大山也对他轻轻地点头，似乎是在赞许他的选择。

这首诗虽只有短短的四句，却极富有深意。此时的李白已和梦蝶的庄周一样，达到了物我两忘的超然境界，对过去发生的一切都选择了释然。相看两不厌的不只是敬亭山，更有李白那颗豁达乐观的心和广阔坦荡的胸襟。

正确地认知自我，才能更好地面对生活中的苦与乐。正如杨绛先生所说："我们曾如此期盼外界的认可，到最后才知道，世界是自己的，与他人毫无关系。"

卷五 朋友圈——桃花潭水深千尺

莫愁前路无知己，天下谁人不识君。

真心不改，志向不移，自有同频共振之音，与君共鸣。

第一章
万里写入胸怀间

01　面对青山，春暖花开

　　李白很随性，但也很重情义。在山东，他结识了几个性情相投的雅士，世人称他们为"竹溪六逸"。他们在山林间对酒当歌，在竹林里举杯邀月，在溪水边吟诵诗句，可与魏晋时期的"竹林七贤"相媲美。

赠裴十四

> 朝见裴叔则，朗如行玉山。
> 黄河落天走东海，万里写入胸怀间。
> 身骑白鼋不敢度，金高南山买君顾。
> 徘徊六合无相知，飘若浮云且西去！

　　在这六个人中，有一个玉树临风的美男子，那就是裴政裴十四。裴政是一个内外兼修的人，他俊伟挺拔、气宇轩昂，可与晋朝的中书令裴楷相媲美。他的心胸海纳百川、浩瀚无边，即使是水神河伯也不敢贸然骑鼋横渡。

　　在诗中，李白化用了《列女传·节义传》中的郑督的典故，她本是楚成王的夫人，淡泊荣华，心静如水，留下了"千金难买一顾"的佳话。而在李白心中，好友裴政也是这样的人，所以当名利、金钱等各种诱惑摆在面前时，他也会选择无视和淡然。

　　裴十四喜欢特立独行，有时深山隐居，有时云游天下，行踪不定，宛如天上的流云，自由自在，不染世俗的尘埃。而今，他又要出门远游，李白特作诗相赠。夸张、比喻、用典纷纷上阵，让裴政的玉山形象在世人心中高高耸立。全诗没有落入以往赠别诗伤感的俗套，而是用瑰丽的想象和浪漫的笔触突出了友人高洁傲岸的品行，让读者有种初次相见就惊为天人的感觉，不得不佩服李白交友的眼光和夸人的水平。

李白还有一个朋友复姓闾丘，曾做过宿松的县令。安史之乱时，李白南下避难曾路过宿松，闾丘县令仰慕他的才气，知其有"浪迹天涯仍读书"的习惯，特意为他在南台山的南台寺筑了"读书台"和"对酌亭"。二人一同沐山间清风，咀诗文英华，其乐无穷。

两年后李白因永王叛乱而身陷囹圄，出狱后又来到宿松养病，再见好友时他已经辞官归隐田园。看着老友像五柳先生一样惬意自在，李白好生羡慕。

赠闾丘处士

贤人有素业，乃在沙塘陂。
竹影扫秋月，荷衣落古池。
闲读山海经，散帙卧遥帷。
且耽田家乐，遂旷林中期。
野酌劝芳酒，园蔬烹露葵。
如能树桃李，为我结茅茨。

在宿松城外的沙塘陂，闾丘处士有一套祖上传下来的老宅。离开官场后，他每天在这里沐风听雨，饮酒读书，面对青山，春暖花开。

月色窈窕，竹影婆娑。枯荷浮在池中，只待秋雨迷离的夜晚，击响苍凉凄楚的鼓瑟。李白和闾丘处士坐在窗前读书，读累了，就躺在竹榻上聊一聊闲天，或者闭目养神小憩片刻。休息过后，李白又坐起身来打开《山海经》，与古人一起神游三山五岳，纵横四海八荒。

这一天，闾丘处士看李白的心情不错，身体也好多了，就带着他一起去田野散步。走在乡间的小路上，看着两边田地一片青翠，不知名的野花在风中轻轻摇曳，就像许多彩色的小星星在眨眼，李白开心得像一个老顽童，脸上露出孩子般天真可爱的笑容。他轻轻嗅着田野间的幽香，吟诵着陶渊明的"久在樊笼里，复得返自然"，甚至产生了想要在此安家与老友做邻居的冲动。

李白的田园诗并不多，这首诗却是清新扑鼻，颇有五柳先生的风韵。

02　相门之后

背过《将进酒》的朋友，都知道李白有两个好朋友，一个叫岑夫子，一个叫丹丘生。

曾有人把岑夫子误认为写"忽如一夜春风来，千树万树梨花开"的边塞诗人岑参，但实际上他们并不是一个人，至于是不是同族的亲戚关系，也没有任何可信的依据。

岑夫子本名岑勋，性格孤清，不爱世间繁华，一心悟道求仙，或隐居山林，静心修行；或云游天下，来去如风。李白与其一见如故，羡慕其洒脱的个性、自在的生活，当听说好友要去鸣皋山隐居时，又写诗相送。

送岑征君归鸣皋山

岑公相门子，雅望归安石。
奕世皆夔龙，中台竟三折。
至人达机兆，高揖九州伯。
奈何天地间，而作隐沦客。
贵道能全真，潜辉卧幽邻。
探元入窅默，观化游无垠。
光武有天下，严陵为故人。
虽登洛阳殿，不屈巢由身。
余亦谢明主，今称偃蹇臣。

登高览万古，思与广成邻。

蹈海宁受赏，还山非问津。

西来一摇扇，共拂元规尘。

据说岑勋生于官宦世家，有"一门三相"之美谈，后来因身为宰相的伯父岑羲参与了太平公主谋反而被玄宗诛杀，全家被抄，所以岑勋年少时就看透官场，断了出仕的念头。

李白难以放下自己的布衣卿相梦，可岑勋却心静如水，宁愿隐居山林，默默无闻。岑夫子满腹锦绣，著名的《多宝塔碑》碑文就是他的杰作。只不过书法家颜真卿的字迹太漂亮，名气超过了岑夫子，以至于大多数人只知道《多宝塔碑》出自颜真卿笔下，却不知碑文真正的编撰者是岑勋。对此向来淡泊名利的岑夫子却并不在意，既不辩解也不声张，微微一笑，继续过自己低调从容的生活。

李白作此诗时，与岑夫子相识时间并不长，却被他身上高洁的品质所折服，于是写百余字长诗以颂之，可见二人一见如故，友情深远。诗人化用了严子陵、鲁仲连等人的典故，既表达了对友人归隐山林的歌咏与羡慕，同时也流露出李白壮志难酬的无奈和想要隐居的美好愿望。

03　神仙道友

和岑夫子相比，李白和丹丘生的友情更浓厚长久。丹丘生本名元丹丘，是住在嵩山脚下、颍水岸边的一名道士。李白路过此地，与其攀谈甚欢，很快就有种相见恨晚的感觉。李白一生共写了11首诗送给元丹丘，堪称赠诗最多，可见他们之间的关系非同寻常。

题元丹丘山居

故人栖东山，自爱丘壑美。

青春卧空林，白日犹不起。

松风清襟袖，石潭洗心耳。
羡君无纷喧，高枕碧霞里。

嵩山是五岳之一，集天地之灵气、日月之精华于一身。元丹丘选择在这里生活，既是为了欣赏大自然的美景，也是为了更好地修行。

太阳已上三竿，而丹丘子却在青葱的山林中静卧，一副慵懒的样子既可笑又可爱。松风阵阵，为他吹去衣袖间的俗气；清波漾漾，为他冲洗耳边的尘土。原来他不是偷懒，而是在用心灵去赴与大自然的一场神秘的约会。李白看着老友一副陶然自得的样子羡慕极了，他也好想能和元丹丘一样，无忧无虑、自由自在，高卧霞光里，笑看云卷云舒……

李白的这首诗，巧妙地采用先抑后扬的方法，赞颂了元丹丘超凡脱俗的隐士精神，也表明了自己想要成仙的美好愿望。全诗清丽脱俗，就像一株雨后芭蕉，给人一种清爽静谧的感觉。

世人皆说李白是谪仙人，但在他眼中，元丹丘更像是一个仙人，飘逸洒脱，来去如风，让自己望尘莫及。元丹丘深知李白想要入仕的愿望，于是就想尽办法帮他打通玉真公主这条人脉，这才让李白有机会被玄宗召见。所以说，丹丘生不仅是李白的知音，也是他的贵人。二十二年的金兰之交，让他们比亲兄弟还要亲，成为一生挚友。

第二章
风流贺季真

01 忘年交

公元 742 年，42 岁的李白在长安偶遇 84 岁的贺知章。一袭白衣的李白，腰挂宝剑、带悬玉佩、道骨仙风、气质不凡。贺知章捋着银白的胡须上下打量，微笑着频频点头。当他看罢李白呈上来的《蜀道难》时，脸上充满了惊喜和敬佩之情，朗声大笑并赞叹道："老夫活了八十多岁，从没有读过如此奇丽壮美的诗句。李白，你不是凡人，而是谪仙人啊！"李白听后大喜，忙躬身深施大礼相谢，二人遂结为忘年交。

送贺监归四明应制

> 久辞荣禄遂初衣，曾向长生说息机。
> 真诀自从茅氏得，恩波宁阻洞庭归。
> 瑶台含雾星辰满，仙峤浮空岛屿微。
> 借问欲栖珠树鹤，何年却向帝城飞。

天宝三年（744 年），86 岁的贺知章因病上书辞官，想以道士身份荣归故里。玄宗令百官在长乐坡设宴为老大人送行，并命李白写应制诗相送。

贺知章虽在朝中多年，但骨子里并不世俗。他性情直率，不贪名利，曾多次上书辞官，但皇帝舍不得他走，一留再留，八十岁还让他任太子宾客、秘书监等职，一直到他病重请辞皇帝才忍痛答应。病愈后的贺知章十分高兴，从今以后他就可以变成布衣百姓，不用再讲究那些繁文缛节，还可以化身道士，求仙访道说长生，真是自在逍遥啊！

这首诗虽是奉皇命而作，但李白写得并不中规中矩。他既突出了皇恩浩荡，又把贺知章的美好未来细细描绘了一番，祝福之情洋溢在字里行间，不仅让老大人看了心花怒放，连皇上见了也暗自佩服，李白不愧为谪仙人下凡，这文笔就是与众不同。

02　四明狂客

李白与老友贺知章分别时，一共写了两首诗，一首就是上文提到过的应制诗，另一首则是私交之作，更显露出这对忘年交之间的深厚情谊。

送贺宾客归越

镜湖流水漾清波，狂客归舟逸兴多。
山阴道士如相见，应写黄庭换白鹅。

贺知章一生可谓是辉煌又洒脱。他是江南状元郎，和张若虚等人并称"吴中四士"；他性嗜酒，与李白等人合称"饮中八仙"；他喜欢雅集，与陈子昂、王维、李白等人化身"仙宗十友"。他的诗，或展现人情人性，或发扬魏晋风骨，乐观豁达、朴实无华，《咏柳》《回乡偶书》都是脍炙人口的佳作。而他性情又很豪放，自号为"四明狂客"，后人也称之为"诗狂"。

贺知章辞官时曾向皇帝请求周宫数顷做放生池，天子欣然同意，就下诏赐他镜湖剡州一曲，让老大人感激涕零。镜湖如明镜，映着两岸的绿柳红杏、天上的白云青鸟，就像是一幅美丽的画卷。李白想象着贺知章荡舟湖上，爽朗的笑声在风中回荡，落在湖面上漾起层层涟漪，心也随之悠然清爽。

据《晋书·王羲之传》记载，当年书圣王羲之很喜欢大白鹅，经常驻足观瞧，对自己的书法也很有启示。有一个山阴道士听说此事，愿意用自己养的一群大白鹅换他的《黄庭经》，成为传世的美谈。

贺知章是唐朝著名的书法家，尤其擅长草书，被世人赞颂为"与造化相争，非人工所到"，连画圣吴道子都要向他学习请教，可见他的影响力非同寻常。李白化用王羲之的典故，赞美老友书法天下一流，暗示回乡后定会有人登门拜访，求取墨宝，或许也会传出一些美谈。

李白的这首送别诗很短，但意境却不俗。他抓住越州一带最有名的美景和逸事，把"归越"二字贯穿始终，别出心裁地表达了对老友的惜别之情与赞美之意。

03　稽山无贺老

贺知章辞官归乡，本以为可以颐养天年，没想到身体却每况愈下，不久就与世长辞，享年八十六岁，天子追赠为礼部尚书。

重忆一首

> 欲向江东去，定将谁举杯？
> 稽山无贺老，却棹酒船回。

744年，李白被赐金放还，本想去会稽山拜访贺知章，没想到半路上却惊闻老友已去世的噩耗，李白顿觉眼前一黑，不敢相信这是真的。

没有贺老的会稽山，再美丽的风光也吸引不了李白的脚步，他只好痛苦地调转船头，折路而返。乘兴而来，败兴而归。李白的这首小诗，没有华丽的语言，也没有煽情的画面，更没有新奇的用典，就是纯纯地直抒胸臆，反而更能表达出他浓重的悲痛之情。

一年以后，李白看着桌上的酒杯，又想起已故的老大人，黯然伤神，作诗两首以示哀悼。

对酒忆贺监二首（并序）

太子宾客贺公，于长安紫极宫一见余，呼余为"谪仙人"，因解金龟换酒为乐。殁后对酒，怅然有怀，而作是诗。

其一

四明有狂客，风流贺季真。
长安一相见，呼我谪仙人。
昔好杯中物，翻为松下尘。
金龟换酒处，却忆泪沾巾。

其二

狂客归四明，山阴道士迎。
敕赐镜湖水，为君台沼荣。
人亡余故宅，空有荷花生。
念此杳如梦，凄然伤我情。

当年李白与贺知章在长安初相识时，二人一见如故，贺知章惊叹李白是"谪仙人"，很热情地请他去酒楼喝酒。他们推杯换盏，喝得痛快淋漓，聊得不亦乐乎，可是结账时却发生了一件很尴尬的事，原来是贺大人出门时过于匆忙，忘记带银两了。情急之下，贺大人竟然将腰间挂的金龟饰物（皇帝所赐）解下当酒钱，让李白感动不已。

"金龟换酒"的故事在当时被传为佳话，多年以后，当李白再度想起此事，只可惜老友已经不在了。当年最爱喝酒的酒中仙，现在却化为了松下土，李白泪流满面，内心百转千回。

李白采用了虚实结合的手法，既想象出老大人回乡时许多才子与官员慕名而来的热闹场面，又描绘出湖水映莲的美丽风光，在一真一幻的相互对比与映衬中，尽显物是人非的悲凉景象，寄托了诗人对老友的怀念之情，让人忍不住伤心落泪，与诗人共情。

对于李白来说，贺知章是朋友、老师、伯乐、贵人，更是一生中最难得的知己。这两首诗以时间变化为序，通过今昔对比，抒发了诗人复杂的心情，有对过去的追忆、对老友的感激，也有痛失知音的惋惜和难过。

第三章
不及汪伦送我情

01 我的好兄弟

李白虽仕途不顺，但才华横溢，佳作频出，正如余光中诗中所言："绣口一吐就半个盛唐。"李白在当时也是红遍大江南北的名人，追随仰慕者无数，汪伦就是其中的一个。

汪伦本是安徽泾县的县令，崇拜李白已久，当他听说李白在叔父李阳冰家寄居时，主动发出了邀请函："先生好游乎？此处有十里桃花。先生好饮乎？此处有万家酒店。"

李白欣然前往，可到了才发现，所谓"十里桃花"，乃是十里以外的桃花潭，而"万家酒店"也只是因为这家酒店的老板姓万。李白惊呼上当，怎奈汪伦盛情难却，只得小住几日。

后来李白发现此地民风淳朴、景色秀美，而汪伦也每天都好酒好菜地款待，让他流连忘返。临行时，汪伦又送李白好马八匹、官锦十缎，还亲自到岸边送行。李白十分感动，即兴赋诗一首，没想到竟成了歌颂友情的代表作，一咏千年。

赠汪伦

李白乘舟将欲行，忽闻岸上踏歌声。
桃花潭水深千尺，不及汪伦送我情。

这首诗虽然只有短短的二十八个字，却率真质朴，让人倍感温暖和亲切。诗人用"未见其人，先闻其声"的手法来衬托友人特殊的送别方式，很有代入感。最后两句直抒胸臆，巧妙地把夸张与对比相结合，突出了二人友情的深厚。

李白的朋友遍天下，其中也不乏外国友人，晁衡就是最知名的一个。晁衡原名阿倍仲麻吕，唐开元五年（717年），他作为日本遣唐使来到长安求学，并给自己起了个唐人名字叫晁衡。学成之后他选择留在大唐，不仅结交了李白、王维等著名诗人，还担任了左拾遗等职务，在长安一生活就是几十年。

753年，晁衡以唐朝使者的身份乘船回国，没想到半路上遇到了风暴，晁衡乘坐的船不幸触礁，与其他船只失去联系，从此下落不明。李白和晁衡交情甚好，晁衡还曾送给李白一件日本大衣做纪念。噩耗传来，李白难以置信，一边痛哭，一边作诗哀悼。

哭晁卿衡

日本晁卿辞帝都，征帆一片绕蓬壶。
明月不归沉碧海，白云愁色满苍梧。

题目中的"哭"字，奠定了全诗的悲剧基调。李白巧用比喻，借景抒情，真切地寄托了对朋友的哀悼与怀念。全诗虽没写一个"泪"字，却仍可见诗人泪流满面，悲伤感叹。

幸运的是晁衡并没有因此而丧命，还侥幸从强盗手下逃生，同船的170多人多数遇难，唯有晁衡等十余人大难不死逃回长安，与老友们欢喜重逢。

当晁衡读到李白为他写的诗时十分感动，特作《望乡》一首，其中"魂兮归来了，感君痛苦吾。我更为君哭，不得长安住"四句，直接表达了晁衡对李白的感激与思念之情。相信李白得知好友重生的消息后一定十分惊喜，只可惜他再也没有机会回长安了。安史之乱爆发后，晁衡对大唐不离不弃，最后化成长安的一抔土，而李白却成了阶下囚，大赦后客死他乡。他们之间虽不再有交集，但这段珍贵的跨国友情却成为佳话，在两国的史册上铭记。

02　塑料兄弟

公元 757 年，57 岁的李白因为做了叛军永王的幕僚而被抓入了浔阳城的大牢，狱中的李白给可能帮得上忙的熟人挨个写诗寄信求救援，而他想到的第一个人，就是高适。看过电影《长安三万里》的人都知道高适并没有救李白，反倒是郭子仪不忘当年的救命之恩舍命求情，现实中亦是如此。

李白和高适并不是年轻时不打不相识，也没有相会在长安，他们在 40 岁之前根本不认识。李白被赐金放还后，和好友杜甫同游天下时在河南商丘遇到了高适，三人结伴同行，李白和高适之间的友情从此起步。但二人之间并没有相互赠诗，分开后也再无交集，可见关系一般。

安史之乱后，高适随哥舒翰驻守潼关，而李白则带着妻儿到庐山避难。都说乱世出英雄，一向默默无闻的高适大胆地向天子提出了自己的战略战术，深受玄宗赏识，做了中书侍郎（中丞）等职。而李白则错投了永王，成了叛军的一员，落入了死囚牢。李白在狱中第一时间给高适写诗，妻子宗氏也亲自找高适求情，没想到高适不念旧情，并没有出手相助。

送张秀才谒高中丞（并序）

余时系浔阳狱中，正读《留侯传》。秀才张孟熊蕴灭胡之策，将之广陵，谒高中丞。余嘉子房之风，感激于斯人，因作是诗送之。

秦帝沦玉镜，留侯降氛氲。

感激黄石老，经过沧海君。

壮士挥金槌，报仇六国闻。

智勇冠终古，萧陈难与群。

两龙争斗时，天地动风云。

酒酣舞长剑，仓卒解汉纷。

宇宙初倒悬，鸿沟势将分。
英谋信奇绝，夫子扬清芬。
胡月入紫微，三光乱天文。
高公镇淮海，谈笑却妖氛。
采尔幕中画，戡难光殊勋。
我无燕霜感，玉石俱烧焚。
但洒一行泪，临歧竟何云。

都说"百无一用是书生"，大敌当前，许多热血男儿都会弃笔从戎，张秀才就是其中的一个。李白表面上是向高适推荐人才，实际上是想请老友帮忙求皇帝放自己一条生路。但李白不好意思直接向老友张口求情，只好借用张良的典故，对高适赞誉有加，也含有求高适帮忙之意。

李、高最初相识时是同病相怜，都是英雄无用武之地，而今却是天壤之别，一个是堂堂中丞，另一个则是叛军罪犯，怎能同日而语呢？其实高适和李白的关系，远不及李杜之间的友情深，甚至都不如高杜的情义重。杜甫穷困潦倒，高适曾多次出手相助，但对于身陷囹圄的李白，他却只是摇了摇头，二人彻底决裂。

从切身利益出发，高适深思熟虑后并没有回信，也婉言拒绝了宗氏的请求。李白对高适的冷酷无情十分生气，挥笔又写下了《笪篌谣》，慨叹"管鲍久已死，何人继其踪"，似乎矛头直指高适。但实际上，像高适这样袖手旁观者大有人在，李白入狱后倍感世态炎凉，所以诗中暗讽的不仅是高适，还有更多的"塑料兄弟"。

03 患难见真交

疾风知劲草，患难见真交。并不是所有人都对李白见死不救，危难之时，有三个人向李白伸出了援助之手，分别是老将军郭子仪、御史中丞宋若思和宰相崔涣。

郭子仪为报当年的救命之恩，宁愿放弃官职为李白求情，情有可原。可那两个朝中重臣，为什么要冒险而为之呢？

御史中丞宋若思和李白素无交情，但他的父亲宋之悌却是李白多年的好友。宋之悌是著名诗人宋之问的弟弟，身高八尺，曾任剑南节度使等职。734年，宋之悌被贬到交趾（今越南河内），李白为好友鸣不平，并在江夏（今湖北武汉武昌）与其举杯，洒泪而别。

江夏别宋之悌

楚水清若空，遥将碧海通。

人分千里外，兴在一杯中。

谷鸟吟晴日，江猿啸晚风。

平生不下泪，于此泣无穷。

李白是个很豪放洒脱的人，爱笑不爱哭，但此时此地，他却忍不住痛哭流涕，可见他和宋之悌之间的友情非同寻常。或许正因如此，宋之悌的儿子宋若思才肯冒险为李白求情。

除了宋若思，李白想到的另一个可能救自己的朝中重臣就是宰相崔涣。崔涣出身于官宦世家，为人刚正不阿，因不肯依附于宰相杨国忠而不断被贬。安史之乱后，玄宗逃到巴蜀避难，崔涣作为巴西太守前来迎驾，深受玄宗赏识，任命其为宰相。

狱中上崔相涣

胡马渡洛水，血流征战场。

千门闭秋景，万姓危朝霜。

贤相燮元气，再欣海县康。

台庭有夔龙，列宿粲成行。

羽翼三元圣，发辉两太阳。

应念覆盆下，雪泣拜天光。

其实李白和崔涣也没有什么交情，他接连写了四五首诗苦苦相求，都是为了活命，这首《狱中上崔相涣》也是表心志、赞相爷、求活命的血泪篇。安史之乱，让洛阳沦陷，生灵涂炭。崔涣却在战乱中表现出他的浩然正气，深受天子赏识和重用。李白泪求崔相，言辞恳切，而崔涣也被李白的诗文所打动，最终选择出手相助。

在郭子仪、宋若思、崔涣等人的不断求情下，天子也怜惜李白的绝世才华，于是免其死罪。

第四章
吾爱孟夫子

01 唯见长江天际流

电影《长安三万里》中，李白想娶宰相的孙女许氏为妻做赘婿，同行的高适坚决反对，但反对无效，李白更想听另一个人的意见，他就是孟浩然。

在现实生活中，李白早在 727 年就已经入赘许家，婚后在安陆定居，一住就是十余年。在此期间，他认识了长自己 12 岁的孟浩然，二人一见如故，相聊甚欢，很快就成了知己。

当时的李白初露锋芒，而孟浩然已名扬天下，李白对他的才华和人品都崇拜至极，视若偶像。730 年，李白听说孟浩然要去广陵（今江苏扬州），于是写信约他在江夏（今湖北武汉）相见。几天后，孟浩然果然乘船而来，与李白在江边相见。相见时难别亦难，二人刚刚见面就要分开，李白心中有太多的不舍。

黄鹤楼送孟浩然之广陵

故人西辞黄鹤楼，烟花三月下扬州。
孤帆远影碧空尽，唯见长江天际流。

李白站在高高的黄鹤楼上，却无心观赏美景，而是将目光锁定在友人远去的方向。船儿沿着滚滚的长江水向东驶去，越来越小，越来越模糊，最终消失在天之尽头。李白再也看不到友人的身影，不禁眼眶红红，心潮起伏。

李白的这首诗，非常清新隽永，很有"清水出芙蓉，天然去雕饰"的意蕴。虽为送别诗，却感而不伤、悲而不颓，特别是最后两句借景抒情，画面感极强，言有尽而意无穷。

传说李白第一次来到黄鹤楼时，借着酒劲儿也想题诗一首，可是当他读了崔颢的《黄鹤楼》时，却迟迟不肯下笔，慨叹道："眼前有景道不得，崔颢题诗在上头。"

十几年后，李白又登上了南京的凤凰台，写下了著名的《登金陵凤凰台》，此诗和《黄鹤楼》有许多相似之处，世人对此也褒贬不一，有人说是效颦之作，也有人说更高一筹，还有人说各有千秋。

相比之下，李白的这首送别孟浩然的诗，却没有丝毫模仿之意，反倒清新雅致，尽显诗词意境中的无言之美，让人耳目一新，更被后世广为流传。

02　高山安可仰

739 年，李白去襄阳拜访老友，可惜孟浩然不在。李白深感惋惜，于是写下这首诗，表达了对孟浩然的赞颂之情。

赠孟浩然

吾爱孟夫子，风流天下闻。
红颜弃轩冕，白首卧松云。
醉月频中圣，迷花不事君。
高山安可仰，徒此揖清芬。

李白的性情很率真，就像一个没有长大的孩子，喜怒哀乐都表现在脸上，流露在诗里。他对孟浩然的爱，不是无脑的狂热，而是一种发自内心的仰慕和敬爱。李白很欣赏孟浩然的潇洒随性、儒雅风流、谈吐不俗，也佩服他一生淡泊名利，晚年又归隐山林，不被红尘烦恼扰乱平和的心绪。

卷五　朋友圈——桃花潭水深千尺

夜色中，孟浩然一人饮酒醉，他宁可醉与明月共举杯，也不愿与世俗之人同宴会；花丛中，他又一人醉花眠，梦中他变成了一株兰花，在空谷中散发幽香。醒后，那兰花又变成了先生，不问功名，不求富贵，徘徊在山林间独享悠然。

在李白心中，孟浩然就像一座高大的山峰，想要仰视都很困难，只能对着他的高洁品格致敬膜拜。李白对孟浩然的仰慕之情，发起在肺腑心怀，回荡在字里行间。那么，他为什么对孟浩然如此敬佩呢？

孟浩然和李白有很多类似的遭遇，年少时也喜欢读书、练剑，弱冠之后与好友一起隐居鹿门山。后来好友去参加科考，孟浩然也动了入仕的念头，云游各地，四处拜谒，一首《望洞庭湖赠张丞相》被后世广为传诵。

但是他的运气不太好，干谒和科举两条路都没有行通。在明代作家萧良有编写的《龙文鞭影》中，就讲述了"浩从床匿"的故事。

有一天，孟浩然受王维邀请到内署做客，没想到玄宗突然来访，他情急之下竟一头钻到床下躲了起来。王维借机向天子引荐，玄宗兴致正浓，就同意相见。当孟浩然从王维的床下爬出来时，那尴尬、狼狈、紧张的样子，给玄宗的第一印象非常不好。当天子让他展示才艺时，他竟然不假思索，说什么"不才明主弃"之类的话，惹龙颜不悦。玄宗一皱眉："卿不求仕，而朕未尝弃卿，奈何诬朕？"于是将其放归襄阳。从此，孟浩然辗转于山水和求仕之间，为张九龄做了一段时间幕僚后，最终回乡隐居。

同样壮志难酬，同样入仕不易，同样满腹才华，同样天子放还。或许，他们此生都没有做官的命，所以只能在山水中藏身，在饮酒中尽兴。正因如此，李白才把孟浩然当作偶像、老师、朋友，还有另一个自己……

03　随风直到夜郎西

李白有多迷孟浩然，用"朝思暮想"可能有点儿过，但常记心头却是事实，春也思来冬也思，见山也思，落雪也思，绵绵不断的思念又融入诗行之中，令人回味无穷。

淮南对雪赠孟浩然

朔雪落吴天，从风渡溟渤。
海树成阳春，江沙浩明月。
兴从剡溪起，思绕梁园发。
寄君郢中歌，曲罢心断绝。

江南本应该是温暖湿润的，而这一场大雪铺天盖地，又为其增加了几抹诗意。梅花不与百花争春，而是凌寒独自开放，白雪与红梅交相辉映，别是一番风韵。看着这美丽的雪景，李白又想起了王子猷雪夜访戴的雅事，不觉淡然一笑，不知远方的孟浩然是否也在思念自己。

夜色中，月亮将皎洁的月光织成柔柔的白纱，轻轻地铺在沙滩上，天地融为一体，分外莹亮。李白站在窗前，轻轻唱起了一首思念的歌，虽然山高路远，但仍希望好友能够听见。一曲歌罢，李白眼圈湿润，心海难以平静……

李白和孟浩然有个共同的朋友叫王昌龄，他的那首《出塞》豪气冲天、壮怀激烈、世代传诵。王昌龄进士出身，擅长写边塞诗，有"七绝圣手"之美誉。只可惜他仕途多舛，四十一岁被贬岭南，心中充满了苦楚。

王昌龄对孟浩然也仰慕已久，很想与其相识。740年，当王昌龄从岭南遇赦北归路过襄阳时，专程去拜访孟浩然，二人相聊甚欢。当时，孟浩然因患疾病身上长了毒疮，经过一番治疗已经基本痊愈，王昌龄远道而来，孟浩然摆酒设宴热情款待，天天饮酒吃肉忘了忌口，导致毒疮发作，不久后就去世了。王昌龄对此很是自责，却没有回天之力，只能暗自后悔和惋惜。

李白当时正在鲁地寓居，天天和几个好友对酒当歌。他去年拜访孟浩然不遇，特作诗留念，还以为来日方长。没想到一年之后孟浩然就去世了,相信他闻讯后一定会伤痛欲绝。虽然我们没有看到李白悼念孟浩然的诗作,但并不能因此质疑二人之间的情义。有一些痛苦是难以言表的,或许,在某个漫长的寒夜,李白对月独酌,举杯为好友祭奠,涕泗横流,却不愿让他人看见。

孟浩然的猝然离世让李白深感悲痛,但他并没有把罪过都归结到王昌龄身上,反倒大方地与其结为好友。748 年,51 岁的王昌龄因为一些过失,从江宁丞被贬为龙标(今湖南洪江)县尉。李白当时身在扬州,虽不能亲自相送,但对好友也十分关心和同情,于是寄给他一首诗以示思念。

闻王昌龄左迁龙标遥有此寄

杨花落尽子规啼,闻道龙标过五溪。
我寄愁心与明月,随君直到夜郎西。

暮春时节,杨花点点,似雪非雪,似花非花,似梦非梦,似泪非泪,在春风中轻舞飞扬。曲终花谢,片片残雪,夹杂着子规的啼鸣,长一声,短一声。

诗人惊闻好友被贬龙标的消息后心绪难平,于是巧借明月之口,诉说对友人不幸命运的关切与同情,同时也寄托了浓浓的思念和真心的祝福。全诗语言朴实无华,清婉却更显真挚,和刘皂的"将心寄明月,流影入君怀"有异曲同工之妙。

千百年后,这首诗被谱上乐曲,配上唯美的画面,被世人广为传唱。纯真的友情果然可以跨越古今,与明月永相伴。

第五章
饭颗山头逢杜甫

01 人生若只如初见

"鄙姓杜，单名一个甫，杜甫，京兆人氏。"电影《长安三万里》中，小杜甫露着豁牙子抱拳拱手自报家门的样子实在太萌了。而在现实生活中，他也比李白小11岁，对于李白来说的确是个"小朋友"。

有人曾质疑电影中杜甫说自己是京兆人士是不对的，但仔细研究一下历史才发现并没有错。京兆杜氏是著名的士族大家，唐朝时就有"城南韦杜，去天尺五"的说法。杜氏名人颇多，西汉的御史大夫杜延年、东汉的书法家杜度、魏晋的军事家杜预等。京兆、襄阳、河南杜氏本为一家，东晋时期杜耽（杜预之子）后裔一支迁居湖北襄阳。而杜甫祖籍襄阳，生长在河南巩县（今河南省巩义市），自称为京兆人氏并无过错。

天宝三年（744年），四十四岁的李白被赐金放还，离开长安来到洛阳，遇到了一个戴斗笠的年轻人，他虽然穿着朴素，言谈举止却儒雅不俗，此人正是杜甫杜子美。

杜甫出身与李白不同，他身为官三代，其父亲杜闲曾任兖州司马。杜甫年少时衣食无忧，长大后云游四方，也曾过了四五年"裘马轻狂"的快意生活。741年，父亲突然病逝，家中的生活一下子变得窘迫起来，杜甫只好暂居东都首阳山躬耕农田，尝尽了世态炎凉和贫瘠之苦。

看着他人过着锦衣玉食的生活，穿粗衣、食糙饭的杜甫却并不羡慕，他一边对那些奸诈之辈嗤之以鼻，一边洁身自好。杜甫十分敬佩孔子的弟子颜回和"采菊东篱下"的五柳先生，所以不断以安贫乐道的精神激励自己以苦为乐，踏浪而歌。

李白诗词享誉长安，天下扬名，杜甫作为后学对他自然是相当崇拜。二人一见面就有聊不完的话题，很快就结为好友。杜甫知道李白喜欢求仙，但可惜的是洛阳缺少炼金丹的药材。不过天下之大，无奇不有，既然李白恢复了自由身，自然可以去深山高林里寻觅，必有收获。杜甫希望以后有机会再与李白同游，一起寻找仙境中的瑶草，共享逍遥之快乐。

李白也欣然同意，但恰逢杜甫家祖母去世，需要他料理后事，所以二人只好暂且告别，并相约秋日同游梁宋。分别时，杜甫送给李白一首诗以做纪念。

赠李白

杜甫

二年客东都，所历厌机巧。

野人对膻腥，蔬食常不饱。

岂无青精饭，使我颜色好。

苦乏大药资，山林迹如扫。

李侯金闺彦，脱身事幽讨。

亦有梁宋游，方期拾瑶草。

这是杜甫写给李白的第一首诗，字里行间充满着诚意，也表达了自己的志趣与希望。在杜甫心中，李白不仅是一个才华横溢的诗人，也是一个豪爽洒脱的谪仙人，能和这样的人交朋友，真乃三生有幸。

不知何故，李白当时并没有写诗回赠，但这并不影响二人之间的情义。杜甫对李白的仰慕也丝毫未减，他只希望有机会能与其再次相见，共宿同游。

02　飞蓬各自远

秋高气爽，云淡天朗，李杜二人如约在梁宋（今河南商丘）相见，开启了新的漫游之旅，这也是他们的第二次相逢。

在商丘，他们遇到了同样郁郁不得志的高适。高适文武双全，但也一直没有入仕的机会，三人一拍即合，同醉同游，但此次相逢也并不长久，很快大家再次各奔东西。

第二年春天，暖风吹化了残雪，也吹绿了杨柳枝，李杜二人又在齐鲁相遇，欣喜不已，再次结伴同游。见面后，李白上下打量着杜甫，几个月不见，发现他又瘦了很多，于是忍不住写诗调侃。

戏赠杜甫

饭颗山头逢杜甫，顶戴笠子日卓午。
借问别来太瘦生，总为从前作诗苦。

李白清楚地记得，当年在洛阳饭颗山上遇见杜甫的样子。当时正值中午，骄阳似火，杜甫戴着个大斗笠，显得他那张脸十分瘦小。而今再见老友，他虽然不再种地，却比过去更瘦了，于是关心地问道："子美，你最近生病了吗？"

杜甫不好意思地笑了："生病倒没有，只不过我没有兄长那么有才，斗酒诗百篇。我每写一首诗要绞尽脑汁，斟词酌句，不满意决不罢休，结果把自己累个半死，惭愧惭愧！"

虽然这首诗曾被一些人质疑并不像是李白所作，但细细读来应该是出自李白的手笔。题目中一个"戏"字足见他的可爱与率真，而四句小诗丝毫没有半点儿恶意的取笑与嘲讽，只有善意的关心和幽默的调侃，很符合李白直爽的性情，并足以证明二人之间的友情纯真如玉、坚固如磐！

时间过得真快，一转眼菊花落金，枫叶似火，又到了深秋时节。杜甫想要去长安碰碰运气，而李白则想要南游江东，二人在鲁郡东石门分别。临行时，李白作诗与好友辞行。

鲁郡东石门送杜二甫

醉别复几日，登临遍池台。
何时石门路，重有金樽开？
秋波落泗水，海色明徂徕。
飞蓬各自远，且尽手中杯。

古人喜欢按家族辈分排行称呼对方，以显亲切。杜甫排行第二，李白排行十二，所以李白称杜甫为杜二，而杜甫则称李白为李十二。

再过几天又要各奔东西，二人的心也是难以平静的。醉酒可以让人暂且忘记分离的痛苦，却并不能解千愁。于是他们选择用登遍附近山池楼台的方式，来给他们第二次相逢画上一个浪漫的句号。

山间的景色还是那么美丽清幽，登高远眺，秋水共长天一色，远山与碧涛同波，二人携手来到山巅，席地而坐，再次举杯，相约以后有缘再聚，一起把酒临风，共赏湖光山色。

然而下一次相逢是在何时何地，谁也说不清楚。他们就像这轻飘飘的蓬草，被风随意地吹向各地，难以自控。李白端起酒杯一饮而尽，什么也没有说，但见远处的浮云，正无声无息地向天际飘去。

这首诗写得自然晓畅，宛若清风徐来。离别是苦的，但李白并没有刻意渲染这种哀愁，他借景抒怀，并用蓬草来比喻各自的命运，表达了分别的无奈、对友人的不舍、对未来的怅惘等一系列复杂的情感，言有尽而意无穷。

03　思君若汶水

李白与杜甫分开之后，曾在沙丘住了一段时光，往事历历在

目，友人却不在身边，李白忍不住主动写诗寄给杜甫，以示思念
之情。

沙丘城下寄杜甫

我来竟何事？高卧沙丘城。
城边有古树，日夕连秋声。
鲁酒不可醉，齐歌空复情。
思君若汶水，浩荡寄南征。

沙丘位于山东兖州，李白在此地闲来无事，终日买醉。在沙丘
城里有许多古树，苍虬的枝干隐天蔽日，讲述着古老的故事。只可
惜，没有几个人可以听懂，只有风儿不离不舍，萦绕在枝叶之间，
一边认真地聆听，一边发出轻轻的叹息。

李白一个人徘徊在树下，"独在异乡为异客"的感觉并不舒服。
鲁地的酒并不浓郁，无法排解他内心的幽怨与寂寞；齐地的音乐空
有其情，无法唱出他满腹的委屈与愤懑。

此时，他倍加想念杜甫，虽然二人相识时间并不长，也就一年
之久，但他们之间的情义比许多相识几十年的老友的还要深厚和热
烈。想到他们曾一起"醉眠秋共被，携手日同行"的日子，想起杜
甫为其写"痛饮狂歌空度日，飞扬跋扈为谁雄"的诗句，李白对其
就愈加思念。那种思念就像这滔滔不绝的汶水，浩浩荡荡地追随在
友人身边，与其同行。

世人都说杜甫为李白写诗十四五首，而李白只回赠了三四首，
太不公平。但写诗的精华在于情而不在于量，所以不能以此为由片
面地看待二人之间的友情。李白的这首诗，娓娓道来，如诉家常，
和好友倾诉着自己最近的孤独与落寞，也寄托了对杜甫的思念之
情。特别是最后两句"思君若汶水，浩荡寄南征"，与李白写给王
昌龄的"我寄愁心与明月，随君直到夜郎西"有异曲同工之妙，足
见李杜友情如江水浩荡，不可阻绝。

李白思念杜甫，而杜甫更想念李白，春夏秋冬、日日夜夜。春

花开了，他看着天际的云霞低吟"白也诗无敌，飘然思不群"；冬雪飘零，他宅在书房里书写"寂寞书斋里，终朝独尔思"；送友人归游江东，他立在岸边想的却是"南寻禹穴见李白，道甫问讯今何如"。听说李白被流放夜郎时，他更是泣不成声，多次在梦中与其相逢。

梦李白二首（其一）

杜甫

死别已吞声，生别常恻恻。
江南瘴疠地，逐客无消息。
故人入我梦，明我长相忆。
恐非平生魂，路远不可测。
魂来枫林青，魂返关塞黑。
君今在罗网，何以有羽翼？
落月满屋梁，犹疑照颜色。
水深波浪阔，无使蛟龙得。

生离与死别，都是人生最痛苦的事情。杜甫听说夜郎之地瘴气泛滥，生怕李白会忍受不了，又恐路途遥远，书信难寄，竟然一连三天晚上都与李白在梦中相会，真是日有所思，夜有所梦。

江湖险恶，人心不古，杜甫为李白的命运表示同情与惋惜，同时也叮嘱他一定要多加小心，不要再落入小人的陷阱。都说患难见真情，当李白陷入人生的至暗时刻，杜甫和高适却做出不同的选择，一个写诗关心，一个明哲保身，真朋友与"塑料兄弟"的区别一目了然。

不见

杜甫

不见李生久，佯狂真可哀。
世人皆欲杀，吾意独怜才。

敏捷诗千首，飘零酒一杯。

匡山读书处，头白好归来。

　　很多人都说杜甫是李白的"小迷弟"，其实他才是李白的真知己。李白才华绝伦却壮志难酬，放荡不羁却少人理解，妙笔生花却心忧无人晓，唯有杜甫对其又爱又怜，能体谅到他心中的苦楚。

　　"千秋万岁名，寂寞身后事。"真正的友情可以超越生死，跨越时空。

　　千年之后，我们依然记得，有一种友情叫"李白与杜甫"。

卷六 酒仙——人生得意须尽欢

遇酒且呵呵，人生能几何。醉可纵情欢，醒后诗百篇。俯仰之间，天地朗朗，星河漫漫。

第一章
兰陵美酒郁金香

01 一杯一杯复一杯

东海有八仙，长安也有"八仙"。他们腾不了云，驾不了雾，却可以借酒劲儿放飞自我，被誉为"醉八仙"。

初入长安城的杜甫，在汝阳王家李琎的酒宴中听说这八位酒仙的雅事与风采，于是挥笔写下《饮中八仙歌》，为他们一个个速写画像。

年纪最长的贺知章老夫聊发醉翁狂，喝得眼花意迷，不慎落入井中却仍能睡得很香；左相李适之竟然不惜花万钱买美酒，甚至愿意为此放弃功名让贤他人；美男子崔宗之举杯的样子简直太迷人，仿佛嵇康重生；张旭一喝酒马上就挥毫泼墨，龙飞凤舞；而苏晋表面上吃斋念佛，一遇到美酒就忘记了佛门戒律……

但最让杜甫佩服的则是李白，"李白一斗诗百篇，长安市上酒家眠。天子呼来不上船，自称臣是酒中仙。"短短四句，就把李白的酒量、才气、风骨、个性全都凸显出来，杜甫不愧是李白的"铁粉"，更是他的知音。

李白爱酒，更爱以酒会友，凡是能与李白一起喝酒的人，都是他的朋友。哪怕你没有名气、地位、才学，只要和李白性情相投，能喝到一块去，李白都来者不拒。

山中与幽人对酌

两人对酌山花开，一杯一杯复一杯。
我醉欲眠卿且去，明朝有意抱琴来。

这一天，李白在山中和一个朋友对坐饮酒。四周山花烂漫，淡淡的清香扑鼻，两个人谈笑风生，欢乐开怀，喝了一杯一杯又一杯，甚是痛快。

喝着喝着，醉意上头，李白觉得头越来越胀，眼前的朋友也变得"三头六臂"。李白放下酒杯请朋友自便，如果对方余兴未尽，第二天早上可以抱琴再来。而后李白就倒在山花间席地而眠，很快就鼾声如雷。以天为被，以地为榻，以花为枕，以风为衾。李白酣睡于天地之间，很快就步入浪漫飘逸的梦乡……

或许有人会说，李白这样做太不礼貌了。其实，他是在效仿五柳先生。陶渊明有三大爱好——饮酒、读书、写文章。他家中收藏了一把古琴，即使没有琴弦，但先生在独自喝酒的时候，也喜欢拿出来抚弄一番，仿佛可以弹拨出动人的旋律，高低起伏、悠扬婉转。

每当有客人来访的时候，陶渊明总是拿出家中的好酒热情款待。如果自己先醉了，他就会笑着请客人自便，并欢迎其下次再来。能如此坦率地下"逐客令"，除了五柳先生，也只有李太白了。这看似无礼，实则是真性情，真正的好友是不会计较那些繁文缛节的。

这首小诗写得很直白爽快，语言通俗易懂，情感朴素真挚，我们可以通过想象来欣赏李白与友人饮酒时的有趣场面。"幽人"是谁并不重要，但李白能对其如此不见外，二人关系非同寻常不言而喻。

下终南山过斛斯山人宿置酒

暮从碧山下，山月随人归。
却顾所来径，苍苍横翠微。
相携及田家，童稚开荆扉。
绿竹入幽径，青萝拂行衣。
欢言得所憩，美酒聊共挥。

长歌吟松风，曲尽河星稀。

我醉君复乐，陶然共忘机。

终南山，位于长安之南，许多唐朝才子多隐于此。李白初来长安，也曾隐居于此，希望能有机会拜谒玉真公主获得入仕机会。一天傍晚，李白闲来无事，下山去拜访一个姓斛斯的隐士。

夜色渐浓，回首来时的小路已隐匿于一片苍茫之中，幸好月光如水，照着脚下的石阶，李白走着走着，竟然偶遇斛斯先生，二人一路说说笑笑，很快就来到了斛斯先生家门前。先生轻轻叩打门环，一个小孩子蹦蹦跳跳地过来开门。小院子面积不大，环境却十分清幽，一片碧绿的竹林亭亭玉立，四周的篱笆墙上爬满了绿色的藤蔓，在风中轻轻摇曳，似乎在欢迎客人的到来。

穿过竹林，绕过藤墙，前面就是几间茅草屋，里面的摆设简单而陈旧，却很整齐干净。先生请李白就座，又拿出一壶好酒款待。月光如水透迤，流进了小屋，洒到了桌子上，又溅到了李白的脸上。美酒将他的脸蛋染得微红，但笑意却洋溢在眼中。他和斛斯先生时而纵酒高歌，时而大声说笑，忘却了红尘琐事、紫陌繁华，只有风轻轻、星闪闪……

这首小诗写得自然灵动，既有七分田园风，又有三分豪爽意。李白的一些作品虽然受陶渊明先生的影响，却又在清新的基础上多了几分洒脱，更显出饮者的仙气。

02 玉碗盛来琥珀光

南朝宋刘义庆的《世说新语》中记载了一些以嵇康、阮籍为代表的"竹林七贤"的奇闻趣事，让人悲喜交加，由衷感叹。而四百多年以后，以李白为首的鲁地"竹溪六逸"，同样不羁一切爱自由，肆意潇洒。这一天，他们来到兰陵游览，只见山青如黛、水绵如歌，六人忍不住又一起纵声长啸，举杯狂歌。

客中行

兰陵美酒郁金香，玉碗盛来琥珀光。

但使主人能醉客，不知何处是他乡。

兰陵的美酒不仅味道芳醇，连色彩都很诱人。郁金香一样的香气弥漫开来，让人还未品尝，就已经有几分醉意。而美酒盛入这玉碗之中，更是剔透莹亮，闪烁着琥珀一样的光芒。李白被美酒深深地吸引，竟然"乐不思蜀"了。

这本是一首羁旅诗，但在李白笔下却丝毫不见乡愁之苦，反而体现了他随遇而安、潇洒豪迈的性格。难怪明朝文人桂天祥曾赞曰："太白豪放，此诗仿佛！"

苏轼曾在词中说"此心安处是吾乡"，而对于李白来说，哪里有美酒和朋友，哪里就是故乡。他人生的大半时光都是在异地他乡度过的，正因为有了美酒和友人的相伴，他的羁旅岁月才变得更快乐与逍遥。

03　劝龙各一觞

一说到《短歌行》，很多人都会想起曹操的"对酒当歌，人生几何"，殊不知李白也写过类似的诗篇。只不过，曹孟德写的是四言，而李太白写的是五言；曹孟德抒发的是求贤若渴的思想和一统中原的抱负，而李太白则用极其浪漫的语调表达了对时光的珍惜、对实现梦想的渴望。

短歌行

白日何短短，百年苦易满。

苍穹浩茫茫，万劫太极长。

麻姑垂两鬓，一半已成霜。

天公见玉女，大笑亿千场。

吾欲揽六龙，回车挂扶桑。

北斗酌美酒，劝龙各一觞。

富贵非所愿，与人驻颜光。

　　李白奉旨入京之前，或云游四方，或在山中隐居，表面上一天天喝酒玩乐，无所事事，实际上他也在寻找入仕的机会，并借山水来排解内心的抑郁和无奈。这不是消极无为，而是韬光养晦，迂回向上。

　　他懂得时光最易将人抛，和浩瀚无穷的宇宙相比，人生过于短暂，所以不可虚度。天上的仙境中住着长生的神仙，至今也有几万年了。但是，他们真的不会变老吗？麻姑虽寿，也生白发；神龟虽寿，犹有竟时。看来，他们也会有衰老的一天，只不过会很慢很慢。

　　《神异经·东荒经》中曾经记载，东王公常和玉女玩投壶比赛，每次都要投1200支箭，如果没有投中，上天就会开口大笑，而这一笑，就是电闪雷鸣。李白化用此典故的同时，也望着无边无际的苍穹，仿佛也听到天上仙人们投壶的嬉戏声，不过那笑声是那么清脆悦耳，就像银铃一样，这应该是玉女们的笑声，不知是否也响过千亿。

　　如果能真成仙就好了，就可以亲自飞到天庭中一探究竟，为他们喝彩助威。柳枝轻摆，似仙子绿色的霓裳；风也牵动李白的衣袂，仿佛要带着他一起飞向远方。醉醺醺的李白伸出双臂，仿佛驾驭着六龙神车飞向东方，停车于扶桑之上，看天地一片灿烂光亮，脸上更是一片得意扬扬。

　　而后，他又用北斗斟满玉液琼浆，劝每条龙都喝上一觞，让它们都多睡一会儿，不要再那么快就驾日西去，让世间的美好时光更久久长长。想到这里，李白的身体似乎真有种飘起来的感觉，他又快步登上高楼，向远方眺望。

　　许多《短歌行》作品都是慨叹时光易逝，宣扬要及时行乐的思想，例如西晋陆机的《短歌行》中就有"来日苦短，去日苦长。今我不乐，蟋蟀在房"的诗句。而李白虽然也在诗中叹息人生短暂，却又借用神话的典故、浪漫瑰丽的想象、雄奇奔放的手笔，从空间和时间的角度写出了宇宙浩渺、时空无限，表达了诗人独特的世界观和宇宙观。而结尾二句"富贵非所愿，与人驻颜光"，更是道出了李白的非凡心志：若能成仙，愿为世人留住光阴，青春永驻，年华不老；若能入仕，愿为君主献策谏忠，兴利除弊，天下太平。

看似满篇醉话，实则浪漫无穷。时光易老，永生难得，但李白则用瑰丽绝尘的想象、行云流水的文字、吞吐日月的胸襟，将一种无奈的现状写得斗志昂扬、充满希望。这不是颓，也不是狂，而是别样的洒脱、劲爆的豪放！

第二章
花间一壶酒

01　爱酒不愧天

　　酒可品可饮、可浓可烈。人可以抛弃酒，酒却从不会嫌弃人。难怪这世间那么多人爱喝酒，酒果然是他们的真朋友。

　　长安城中，清冷的月辉在地上流成一条无声的河，李白立在河中，举起酒杯，对月独酌。

月下独酌（其二）

天若不爱酒，酒星不在天。
地若不爱酒，地应无酒泉。
天地既爱酒，爱酒不愧天。
已闻清比圣，复道浊如贤。
贤圣既已饮，何必求神仙。
三杯通大道，一斗合自然。
但得酒中趣，勿为醒者传。

　　苍天如果不爱酒，为什么会有酒旗星？大地如果不爱酒，为何会有酒泉市？既然天地都爱酒，那么李白爱酒就是顺应天意，无愧天地。

　　清酒敬圣人，浊酒赠贤士，既然圣贤也都爱饮酒，那为什么又要去求仙呢？三杯可通儒家大道，一斗正合道法自然。酒中自有仁义礼智，酒中亦有清静无为，这种智慧，可品可悟却妙不可言。天知地知圣贤知，神知仙知李白知，唯有俗人不可知。

有些心事，需要一个人去思量；有些烦恼，需要独自去排解。一个人看似孤独，其实也是在慢慢熨平思想的褶皱，慰藉心灵的伤口。表面上豪放洒脱的李白，也需要有自己的独处时光。

这首诗创作于天宝三年（744年），也是李白来到天子身边的第三年。此时的李白不仅不再被玄宗重用，还不断地被权臣和小人排挤和打压，渐渐对当官失去了热情，对未来也充满了迷惘。虽然李白整日在宫中享受锦衣玉食，但他的内心是孤独、悲愤、惆怅的，所以常常一个人借酒浇愁。

这首诗从饮者的角度，以狂妄、豪放的语气写出了李白对酒的钟爱、对权贵的不屑，同时也暗露出对现实社会的不满。看似满篇醉意，实则人间清醒。全诗逻辑合理、环环相扣，成为饮者爱酒最好的辩言，这样的理由，让人无法反驳。另外，李白还把饮酒提升到了一个更高的精神境界，有种举世皆醉我独醒、举世皆浊我独清的自信与乐观，理趣融于诗中，不愧为酒仙神笔，妙哉，妙哉！

月下独酌（其三）

三月咸阳城，千花昼如锦。
谁能春独愁，对此径须饮。
穷通与修短，造化夙所禀。
一樽齐死生，万事固难审。
醉后失天地，兀然就孤枕。
不知有吾身，此乐最为甚。

李白原本以为，自己来到天子身边可以"申管、晏之谈，谋帝王之术，奋其智能，愿为辅弼，使寰区大定，海县清一"，没想到不是奉旨填词，就是起草诏书，说白了也只是个高级的文秘而已。梦寐已久的长安，看似花天锦地、灯火阑珊，李白身处繁花嫩叶当中，却无心赏识，一个人自斟自饮，月夜独徘徊。

这世间有人追求荣华富贵，有人渴望长生不老，有人一心建功立业，有人希望四海名扬。但天地自有造化，凡事都有定数，得之，我幸；不得，我命，又岂能刻意而求之。

李白低头看了看杯中的酒，正映着一双明亮的眼睛，略带醉意地看着自己。人有生离死别、恩怨情仇；酒却默不做声、无爱无恨。人们喜欢借酒抒怀，或喜或悲、或痴或醉，而后倒在枕上呼呼大睡，忘却烦恼，忘却得失，忘却天地，也忘却了你、我、他。而后化成一阵风、一片云、一条河、一轮月，天地任逍遥，这种快乐，也只能在醉梦中实现。

想到这里，李白把杯中的残酒一饮而尽，曲肱而枕，卧地而眠。花香中，他变成一只蝶翩然而去，一阵狂风骤起，蝶又化为一只大鸟扶摇直上九万里……

这首诗和前两首相比，更看出了诗人的通透。诗人最初是愁苦、郁闷的，所以想借酒来冲淡内心的烦忧。但是醉不是他的本意，他是想获得精神世界的慰藉。醉眼迷离中，他看透了生死与得失，内心又变得无比的旷达，但现实的骨感，又硌得梦想生疼。他难以羽化成仙，又摆脱不了现实的枷锁，只好借梦境来寻找解脱。

诗中李白采用以醉衬醒、以乐衬哀、以旷达写牢骚的手法，宣泄心中的孤独与思想的挣扎，最后用一个"乐"字收尾，更凸显诗人豪放乐观的精神。这就是不拘一格的李白，即使郁闷也要换一种方式继续洒脱的诗仙。

02　对酒还自倾

近年来网上流行一个词——摆烂，形容人消极怠工不思进取的状态。一千多年以前，在皇宫里的李白，也是这个样子。

一梦醒来，天色晴朗，李白却不想上班，他赖在被窝里想着如何"摆烂"。昨夜的酒劲还未完全消散，头脑还不是很清醒，带着一身酒气去上班似乎也不雅，何况去了也无事可做，还要听某些人的闲言碎语。不如索性请一天假，在家好好醒醒酒。于是李白在床上伸了个舒服的懒腰，穿好衣服走入院中，看着满园春色，不禁又诗兴大发。

春日醉起言志

处世若大梦，胡为劳其生？
所以终日醉，颓然卧前楹。
觉来眄庭前，一鸟花间鸣。
借问此何时？春风语流莺。
感之欲叹息，对酒还自倾。
浩歌待明月，曲尽已忘情。

李白不喜欢宫中那些虚伪的同僚。有人趋炎附势，一脸谄媚；有人装腔作势，一脸豪横；有人处心积虑，一脸焦躁；有人左右逢源，一脸圆滑；有人嫉贤妒能，一脸坏水；有人杞人忧天，一脸悲观……看到这些，李白就嗤之以鼻；想起这些，李白胃里就翻江倒海。可是这些人不是朝廷的重臣，就是天子身边的红人，他管不了也惹不起，只好避而远之，慢慢地也成了宫廷中的边缘人。

人生如梦，亦真亦幻，但偏有人执迷于名利场，一天天追逐忙碌不停。李白则视功名为粪土，视荣华为浮云，宁可整日饮酒买醉，也不愿与世俗同流合污。诗中诗人运用对比的手法，表明了自己遗世独立的姿态与高洁傲岸的志向。

诗中的李白醉生梦死，诗外的李白遗世独立。醉酒看似是消极的逃避，实则是一种勇敢的反抗，与其被他人排挤、打压，不如寻一方净土，做快乐的自己。李白用醉酒来表示对现实的不满，用融入大自然鸟语花香的方式来守护自己高傲的身姿和纯真的灵魂。这是他无悔的选择，哪怕世人会误解、嘲笑与批评，他也我行我素，不改其志。

醉，有时也是一种清醒、一种解脱、一种反抗、一种智慧！

李白很欣赏和敬佩陶渊明先生，二人一样嗜喝酒、爱写诗，不愿与世俗沆瀣一气。陶先生的《饮酒》《归园田居》等作品，也深深影响着李白的思想与诗风，这首诗就是受陶诗启示，既描绘了自然山水的清新雅丽，又表达了不满现实的悲愤与反抗。陶渊明的诗中充满了悠然淡泊，而李白的诗中则洋溢着浪漫与豪放，醉酒后的李白，以诗明志，尽显酒仙与诗仙的风采。

03　且须酣畅万古情

陶渊明不为五斗米折腰，辞官归隐，过起了"采菊东篱下，悠然见南山"的自在生活；李白在长安城也过得委实不开心，所以也选择主动请辞，高唱着"长风破浪会有时，直挂云帆济沧海"，挥一挥衣袖潇洒地离去。

回到吴中，李白又和好友们相伴相随，饮酒作诗，重拾久违的自由与快乐。天宝八年（749年）的一天晚上，李白坐在屋中，手里拿着一封远方朋友的来信，原本平静的心湖仿佛被一颗小石子击中，又泛起层层涟漪。

李白称写这封信的人为"王十二"，至于王十二的真名为何、籍贯哪里，我们不得而知，但通过李白的回信来看，应该是一个郁郁不得志的年轻书生。一天，王十二独自在家喝着闷酒，解不开的愁绪像乱麻一样困扰着他的身心，让他坐立不安，于是写诗向李白倾诉烦恼，希望能得到一些宽慰和鼓励。

李白也是一个壮志难酬的书生，也曾在鲜衣怒马少年时，许下"大鹏一日同风起，扶摇直上九万里"的凌云志，只可惜人到中年，才认清梦想和现实之间的差距，特别是二入长安后，他对此感触更深。面对着王十二的满纸辛酸，李白苦笑了一下，提笔为其回诗一首以示劝勉。

答王十二寒夜独酌有怀

昨夜吴中雪，子猷佳兴发。
万里浮云卷碧山，青天中道流孤月。
孤月沧浪河汉清，北斗错落长庚明。
怀余对酒夜霜白，玉床金井冰峥嵘。
人生飘忽百年内，且须酣畅万古情。
君不能狸膏金距学斗鸡，坐令鼻息吹虹霓。

君不能学哥舒，横行青海夜带刀，西屠石堡取紫袍。

吟诗作赋北窗里，万言不直一杯水。

世人闻此皆掉头，有如东风射马耳。

鱼目亦笑我，谓与明月同。

骅骝拳跼不能食，蹇驴得志鸣春风。

折杨黄华合流俗，晋君听琴枉清角。

巴人谁肯和阳春，楚地犹来贱奇璞。

黄金散尽交不成，白首为儒身被轻。

一谈一笑失颜色，苍蝇贝锦喧谤声。

曾参岂是杀人者？谗言三及慈母惊。

与君论心握君手，荣辱于余亦何有？

孔圣犹闻伤凤麟，董龙更是何鸡狗！

一生傲岸苦不谐，恩疏媒劳志多乖。

严陵高揖汉天子，何必长剑拄颐事玉阶。

达亦不足贵，穷亦不足悲。

韩信羞将绛灌比，祢衡耻逐屠沽儿。

君不见李北海，英风豪气今何在！

君不见裴尚书，土坟三尺蒿棘居！

少年早欲五湖去，见此弥将钟鼎疏。

    这首诗比较长，我们可以将其分为四段进行赏析。从"昨夜吴中雪"到"且须酣畅万古情"属于虚写，是李白想象着王十二寒夜独酌、怀念自己的场景。他在诗中巧妙化用了王子猷"雪夜访戴"的典故，不仅是因为王十二和王子猷都姓王，还认为二人有相似的闲情雅趣。而后用曼妙如画的文字勾勒出孤月照银河的动人夜景，月下独酌的王十二想起了远方的李白，于是才提笔作诗，以示思念之情。

    第二部分从"君不能狸膏金距学斗鸡"到"有如东风射马耳"，表现了诗人内心的矛盾之情。李白劝说好友既不要学达官显贵们利用斗鸡争宠，也不要效仿哥舒翰牺牲上万人的生命而求战功升官，希望他淡泊名利，不要为了功名而不择手段。而后又笔锋一转，说诗文写得再好也无用，世间知音难觅，再有才华也无人赏识，似乎在为好友鸣不平。

这些文字表面上是在劝说好友，但其实上也是李白的内心独白。他才华横溢世人皆知，但到头来还是一无所成，并没有得到天子的重视，反而被一群小人排挤，内心充满了委屈和愤懑。但即便如此，他还是不愿与世俗为伍，所以这几句诗既表达了他对友人的劝勉，也暗示了自己的心志。

从"鱼目亦笑我"到"谗言三及慈母惊"为第三部分，李白先化用"鱼目混珠"的成语和巧妙的比喻来讽刺世间嘲笑他的小人，他们就像瘸驴一样蠢笨，而自己则是千里骏马，而后又将二者的命运进行对比，表现出社会的黑暗和李白对现实的不满。接下来李白分别化用晋平公听《清角》与和氏献璞的典故，讽刺了当权者玄宗的昏庸无道；而后又化用《诗经》里的典故，将苍蝇比作好说谗言的小人，把贝锦比作花言巧语，暗讽社会上诽谤之声此起彼伏，令人难以辨别真伪。接下来又借用了曾母惊逃的故事，指出人言可畏、三人成虎的社会现实。多处用典，言辞激烈，足见诗人的愤懑不平之情。

从"与君论心握君手"到"见此弥将钟鼎疏"为最后一部分。李白又引用了孔圣人和董荣的典故，暗指自己就像生不逢时的孔子难得重用，又暗讽李林甫、杨国忠等人就像媚上欺下的董荣一样，鸡狗般卑鄙无耻。而后他又提到了玄宗，因为自己性情孤傲所以不受天子赏识，布衣卿相梦难以实现，并巧用严子陵的典故，来表达对天子不能礼贤下士的不满。李白又自比韩信、祢衡等人，来表明自己不愿与世俗同流合污的决心，又想到李邕被奸臣李林甫所害，义愤填膺。失望至极的李白，想要选择归隐，最后两句表明了自己的心志，从此浪游江湖，不问红尘是与非。

达则兼济天下，穷则独善其身。李白也曾憧憬施展治国平天下之才，只可惜天子不解他的尽忠报国志，世人更不知他的济世安邦心，让他难以实现自己的政治抱负。于是李白选择了洁身自好、特立独行，即使无人理解他的委屈与痛苦，无人读懂他的内心与志向，他还是要坚持走自己的道路，光明磊落地立于天地间。

这首诗表面上是答友人的和诗，但仔细读来，却是李白向世俗和权威发起的控诉状。他运用大量的典故来嘲讽现实，表明心志，勇气和丹心日月可鉴。

　　即使无人理睬，也要为自己喝彩；即使无人赏识，也要为自己守志。李白借此诗与友人共勉，尽显文人不屈的傲岸风骨。难怪北宋乐史《李翰林别集序》中曾曰："白有歌云：'吟诗作赋北窗里，万言不直一杯水。'盖叹乎有其时而无其位。呜呼！以翰林之才名，遇玄宗之知见，而乃飘零如是。"

第三章
当垆笑春风

01　醉起步溪月

　　孤独是人生的常态。享受孤独，与自己对话，也是一种成熟。

　　一天，李白和朋友对饮，不知不觉天色已晚。友人告辞而去，李白一人在月下徘徊，孤独的身影被月光拉得又瘦又长。

自遣

对酒不觉暝，落花盈我衣。

醉起步溪月，鸟还人亦稀。

　　黑黑的夜幕低垂，像厚厚的金丝绒壁毯，上面缀着许多闪亮的星星，正在调皮地对着李白眨着眼睛，仿佛在笑他喝醉的样子。

　　李白呵呵一笑，不言不语，漫步在桃花林中，任凭红英纷纷落在身上，他没有用手去拂，只是轻轻地嗅了一下，就感觉清香沁人心脾。

　　他想起了陶渊明笔下的桃花源，如果自己是武陵人，就会留在那里静享安宁之乐，何必因贪图一时的富贵而背信弃义，最终一无所获；他又想起了李后主，不爱江山爱美人，纵有满腹才华，却错生帝王家，免不了流水落花春去也，国破家亡万事空。

　　月儿半弯，银亮如钩，李白仰起头来，看着那上扬的"嘴角"，也回了一个淡淡的微笑。连月亮都不能天天圆满，这世间哪有什么十全十美？人生起起落落、得得失失都是正常，不必太在意。有花可赏，有酒可喝，有伴可寻，亦是人生乐事。想到这里，李白的心也如天边的那抹微笑一样淡定。

鸟儿都回巢了，路上的行人也不多，家人还在等他。有人等也是一种幸福。李白的眼前仿佛又出现妻子和一双儿女嬉戏的温馨画面，不由心头一暖。于是，他加快脚步，微笑着向家的方向走去。

全诗只有二十个字，却写出了李白波澜变化的心理活动。没有一个"愁"字，我们却可以看到他微皱的眉头；没有一个"乐"字，却给我们留下一个洒脱的背影。

人生不如意事十之八九，常想一二，不思八九，方得如意。有些烦恼，他人无法理解，只能靠自己慢慢化解，用时间渐渐分解，这就是所谓的"自遣"吧？

李白和我们一样，也会有精神内耗的时候，但他总会想办法为自己找到一个出口，及时走出，重拾快乐洒脱的自我。一百多年后，又有一个叫罗隐的晚唐诗人，也曾因心中苦闷堆积如山而饮酒作诗自遣，而结果却和李白截然相反。

罗隐相貌丑陋，运气不佳，一生参加十多次科考，屡败屡战，屡战屡败，被贴上"十上不第"的标签。一次次的失败，让罗隐十分沮丧，只好借酒浇愁，写诗自遣。

自遣

罗隐

得即高歌失即休，多愁多恨亦悠悠。

今朝有酒今朝醉，明日愁来明日愁。

得意了就大声歌唱，失意了就沉默寡言。考中考不中的都是命中注定，愁啊怨啊也都没有用。今天有酒那就喝个酩酊大醉，把所有烦恼都抛到九霄云外；明天醒来后，能忘的就忘掉，忘不掉的那就再接着愁。和李白相比，罗隐才是彻底地买醉！

都是时运不济，仕途不畅，英雄无用武之地；都是借酒浇愁，及时行乐，人生得意须尽欢。两首诗同样聊自遣，但意境不同、情感不同，映射出的诗人的格局也不同。

罗隐的醉是痛苦的醉、迷离的醉、心碎的醉。他看不到希望，也摆脱不了忧愁，醉时并不真快乐，醒后也没有真解脱，他总是在失望和痛苦的旋涡中苦苦挣扎，难以自拔。但李白的醉是清醒的醉、豁达的醉、乐观的醉。酒可以让他放下烦恼，更能让他看清现实，与人生的不如意和解，所以醒后的他又能潇洒而行，来去如风，不愧为谪仙人。

02　谑浪偏相宜

李白回到东鲁后，与好友杜甫再相逢，二人携手同游，友情不断升温。这一日，秋阳杲杲，大雁南飞，李白见状不免心生悲怆之感，一脸怅然。忽然想起此地有一个姓范的隐士，于是和杜甫计划前往，二人骑马向城外飞奔而去，一路上马铃儿清脆作响。

寻鲁城北范居士失道落苍耳中见范置酒摘苍耳作

雁度秋色远，日静无云时。
客心不自得，浩漫将何之？
忽忆范野人，闲园养幽姿。
茫然起逸兴，但恐行来迟。
城壕失往路，马首迷荒陂。
不惜翠云裘，遂为苍耳欺。
入门且一笑，把臂君为谁。
酒客爱秋蔬，山盘荐霜梨。
他筵不下箸，此席忘朝饥。
酸枣垂北郭，寒瓜蔓东篱。
还倾四五酌，自咏猛虎词。
近作十日欢，远为千载期。
风流自簸荡，谑浪偏相宜。
酣来上马去，却笑高阳池。

李、杜二人说说笑笑，很快就来到青山之下。他们骑着马在山中兜兜转转了半天，却连半个人影也没看到。山路崎岖，荒草丛生，李白一时性急驱马飞驰前行。突然马蹄一滑，马儿顺势摔倒，将背上的李白丢进了苍耳丛中，弄得他头上、身上都粘满了苍耳，相当狼狈。

杜甫将李白扶起，李白一边自叹倒霉，一边又翻身上马，二人好不容易才找到了范居士家，主人看着李白满身狼狈的样子，半开玩笑地说："都说太白兄喜欢特立独行，这连送我的见面礼都与众不同啊！"李白不好意思地说："人家是借花献佛，我是借苍耳献隐士，惭愧惭愧！"

范居士笑着请二人进屋落座，拿出果盘、美酒热情款待，听着二人讲起一路上的趣事和糗事，忍不住哈哈大笑。三人一起来到院中，李白看着角落中种的蔬菜瓜果，不由得又联想起了种豆南山下的五柳先生。范居士和陶渊明一样过着自给自足、安贫乐道的生活，看似清寒却又别有一番惬意与悠然，想到这些，李白的脸上不由得又浮现出羡慕之情。

回到屋中，三人举杯痛饮，李白情不自禁地吟诵起《猛虎行》："朝作猛虎行，暮作猛虎吟。肠断非关陇头水，泪下不为雍门琴……"那声音越来越激动，越来越响亮，刺破天空，如雷霆轰鸣。李白好久没有如此痛快地释放自我了，杜甫和范居士也被他的激情所燃，他们在院中载歌载舞，戏谑说笑，尽情摇摆，肆意开怀。

不知不觉天色已晚，二人不便久留，告辞而去。临行时三人相约日后再共饮美酒，喝他个十天十夜。回去的路上，李白策马高歌，这种痛快，恐怕连在高阳池喝醉的山简都望尘莫及。

诗人一改平日天马行空的想象，也很少用典，而是用写实的手法将拜访隐士的经过娓娓道来，语言幽默风趣，又不乏细腻自然，借用以乐衬哀的手法，抒发内心的抑郁不平。

喜剧的内核是悲剧，欢笑的背后是泪水。

李白看似欢乐洒脱，其实是在释放内心无比的郁闷与痛苦。他不愿意像常人一样聒噪不停，怨天尤人，更喜欢借酒狂歌，释放真我，用一种洒脱豪迈的方式去排解忧愁，这也是李白的可爱之处。

03　美人欲醉朱颜酡

很多年前流行着一首王洛宾的《青春舞曲》，从大西北飘到了长城内外，引来无数人的共鸣，至今仍很动听："太阳下山明早依旧爬上来，花儿谢了明年还是一样的开，美丽小鸟一去无影踪，我的青春小鸟一样不回来，我的青春小鸟一样不回来……"

一千年前，李白也唱着类似的歌谣，感叹着流光欺人忽蹉跎。

前有一樽酒行二首

其一

春风东来忽相过，金樽渌酒生微波。
落花纷纷稍觉多，美人欲醉朱颜酡。
青轩桃李能几何，流光欺人忽蹉跎。
君起舞，日西夕。
当年意气不肯倾，白发如丝叹何益。

其二

琴奏龙门之绿桐，玉壶美酒清若空。
催弦拂柱与君饮，看朱成碧颜始红。
胡姬貌如花，当垆笑春风。
笑春风，舞罗衣，君今不醉将安归？

李白第一次来长安时四处拜谒无果，就守候在终南山想走捷径，结果等得花儿也谢了，也没见到玉真公主的半个影儿，只好铩羽而归。

第二次他是奉旨进京，天子亲召，王公相迎，真可谓是风光无限。李白在翰林院的工作不累，薪水翻倍，还总有人主动请他饮酒作乐。一脚踏进了温柔富贵乡的李白，也迎来了人生的高光时刻。

东市和西市是长安的两大繁华地带，商品琳琅满目，街道车水马龙，热闹非凡。闲来无事的李白，也常和友人一起到东西坊喝酒、听曲、看胡姬表演，常常不醉不归。然而花无百日红，人无再少年。不惑之年的李白，鬓角已染上了白霜。当年吼着"大鹏一日同风起，扶摇直上九万里"的美少年已变成了早生华发的中年大叔，岁月果然不饶人啊！

春风暖暖，弦乐飘飘，看着眼前美丽的少女翩翩起舞，那舞动的裙摆就像一只美丽的蝴蝶上下翻飞，李白的眼睛也开始迷离。身着彩衣的胡姬为他又斟了一杯酒，满面春风地欢迎诗仙的来访。灯红酒绿中，李白和朋友们举杯对饮，大声说笑，肆意享受着快乐的时光。

在李白的诗中，有许多"及时行乐"的思想，难免被世人贴上消极的标签。但仔细品读这两首小诗，都和珍惜时光相关联，又增添了几分积极意义。醉与乐的交错，也暗含了李白借酒浇愁的无奈和以醉明志的洒脱。

第四章
将进酒，杯莫停

01　山人劝酒

在秦朝末年，有四位博士因不满秦始皇的焚书坑儒而隐居在商山之中，因为他们都是皓须白首的耄耋老人，所以合称"商山四皓"。

汉高祖刘邦听信谗言，想要废掉太子刘盈，另立戚夫人之子，吕后闻讯心急如焚，于是命吕释之来请"商山四皓"来辅佐刘盈，让高祖改变了想法，而刘盈也成了历史上有名的汉惠帝。

山人劝酒

苍苍云松，落落绮皓。
春风尔来为阿谁？蝴蝶忽然满芳草。
秀眉霜雪颜桃花，骨青髓绿长美好。
称是秦时避世人，劝酒相欢不知老。
各守麋鹿志，耻随龙虎争。
欻起佐太子，汉王乃复惊。
顾谓戚夫人，彼翁羽翼成。
归来商山下，泛若云无情。
举觞酹巢由，洗耳何独清。
浩歌望嵩岳，意气还相倾。

李白心中的"商山四皓"，如青松一般挺立，如清风一样洒脱。

曾经，他们隐居在山林之中，沐和风暖日，品香茗美酒，观山花烂漫，听山泉轻歌。终日与麋鹿为伴，与黄鹤共舞，不问世间繁闹，不争官场名利，快乐似神仙。

后来，为了社稷苍生，江山永固，他们又临危受命，毅然出山，辅佐太子，授治国平天下之道。功成之后，他们又放弃荣华，再次转身回归山林，就像天上的白云一样来去自如，没有半点儿牵绊。他们高贵的品行，与唐尧时期的巢父、许由一样高洁傲岸，遗世独立。

在李白的朋友当中，也有一个像"商山四皓"一样的隐士——钱少阳，八十岁高龄还能出山为潘御史做幕僚，让李白十分敬佩和羡慕。

赠钱征君少阳

白玉一杯酒，绿杨三月时。
春风余几日，两鬓各成丝。
秉烛唯须饮，投竿也未迟。
如逢渭水猎，犹可帝王师。

此时的李白也已是日暮穷年，白发苍苍。即将与老友分别，李白虽有万般不舍，但还是微笑着举杯为老友庆贺，并为他送行。

当年姜子牙在渭水边垂钓时，遇到了打猎的周文王。想到老友和姜子牙都能有好的机遇，李白也对自己的未来充满了期望。众所周知，李白一直怀揣美丽的梦想，欲施管晏才，做辅弼臣，助寰区大定。纵使暂时不能如愿，他也不会轻易改变自己的初心与志向。

诗中用了吕尚的典故，表达了李白对好友的羡慕和祝福，但也隐藏着李白的政治理想，我们仿佛看到一匹老马，一声长嘶，奔向远方；而另一匹老马，踯躅在山头，也在用力地嘶鸣，等待着伯乐的来访。

02　崩腾醉中流

　　当年李白离开京城后回到东鲁家中，和妻儿小聚了一段时日后，又踏上云游四方的征程。在江南水乡，他乘一叶小舟，再次来到金陵，好友们闻讯都来与其把酒叙旧，热情如初。

　　这一天晚上，李白与好友们正在孙楚楼一边赏月一边痛饮，不知不觉已到了第二天清晨，可是众人意犹未尽，又沽来新酒继续推杯换盏。李白无意中听说老友崔宗之也被贬到金陵为官，立即放下酒杯，头发都没来得及好好梳理，衣帽也没穿戴整齐，他就兴致勃勃地乘舟赶往石头城寻找崔宗之。

　　崔宗之乃宰相崔日用之子，相貌英俊，玉树临风。他酷爱喝酒，在长安城曾与李白、贺知章等人并称"醉八仙"。因性情刚直不阿，得罪同僚而被贬金陵。他万万没想到，竟然能再次遇到老朋友李白。

玩月金陵城西孙楚酒楼，达曙歌吹，日晚乘醉，著紫绮裘、乌纱巾，与酒客数人棹歌秦淮，往石头访崔四侍御

昨玩西城月，青天垂玉钩。
朝沽金陵酒，歌吹孙楚楼。
忽忆绣衣人，乘船往石头。
草裹乌纱巾，倒被紫绮裘。
两岸拍手笑，疑是王子猷。
酒客十数公，崩腾醉中流。
谑浪棹海客，喧呼傲阳侯。
半道逢吴姬，卷帘出揶揄。
我忆君到此，不知狂与羞。
一月一见君，三杯便回桡。
舍舟共连袂，行上南渡桥。
兴发歌绿水，秦客为之摇。

鸡鸣复相招，清宴逸云霄。

赠我数百字，字字凌风飙。

系之衣裳上，相忆每长谣。

　　银月如钩，高悬苍穹，李白和崔宗之等十余人一起同醉同游，或泛舟湖上，或登楼远望，赏月听曲，把酒高歌，好不潇洒快活！酒逢知己千杯少。大家一起恣意嬉笑，狂放高歌，互相调侃戏言，欢声笑语把天上的月亮都吸引得侧耳倾听。

　　倒酒的美女一见崔宗之来了，嫣然一笑，还当众讲了初见他时的糗事，惹得大家都哈哈大笑，李白等人也跟着打趣，宗之的脸羞得一会儿白一会儿红的。不知何时月亮已经回家安息，鸡鸣声声引来东方欲晓，李白看着桌上的朋友，有人伏案大睡，有人还在说笑，有人眯着眼睛似睡非睡，嘴里却还念叨着"喝酒"……

　　天下没有不散的筵席。崔宗之与李白相约日后长安再会，没想到，这一别竟是天地永隔。崔宗之逝去，李白闻讯悲痛断肠，抚摸着好友生前赠送自己的古琴作诗哀悼："一朝摧玉树，生死殊飘忽。留我孔子琴，琴存人已殁。谁传广陵散，但哭邙山骨……"

　　李白和崔宗之一样，都是壮志难酬之人。他们无法在长安真正地立足，却又一心念着长安，心中苦闷的火苗也只能借这杯中酒来浇灭。不得不佩服李白的酒量真是惊人，从晚上一直喝到破晓，尽显酒仙狂放之气。但此时的李白已不是风华绝代的少年郎，而是被赐金放还的中年大叔，这首诗中有对友人命运的同情，也不乏对自身遭遇的愤慨，透过李白的醉态，我们也可以看到他那豪爽乐观的性情和旷达豪迈的胸襟。

03　惟有饮者留其名

　　李白一生有两个梦，一个是入仕，一个是成仙。入仕之路比蜀道还难，而成仙之梦似乎比入仕还要难。

　　在长安城碰壁的李白，没有完全灰心绝望，而是骑马去找好友喝酒："岑夫子、丹丘生，我来了！"

将进酒

君不见黄河之水天上来，奔流到海不复回。
君不见高堂明镜悲白发，朝如青丝暮成雪。
人生得意须尽欢，莫使金樽空对月。
天生我材必有用，千金散尽还复来。
烹羊宰牛且为乐，会须一饮三百杯。
岑夫子，丹丘生，将进酒，杯莫停。
与君歌一曲，请君为我倾耳听。
钟鼓馔玉不足贵，但愿长醉不复醒。
古来圣贤皆寂寞，惟有饮者留其名。
陈王昔时宴平乐，斗酒十千恣欢谑。
主人何为言少钱，径须沽取对君酌。
五花马、千金裘，呼儿将出换美酒，
与尔同销万古愁。

屈原曾说过："举世皆浊我独清，众人皆醉我独醒。"李白也是这样想的。他喝酒，不仅是为了买醉，更是为了消愁。对他来说，美酒和好友，就是治愈一切伤痛的良药。

岑夫子、元丹丘，都是山中的隐士。他们静心修道，渴望早日成仙，即使不能羽化，也可落得清静自在。李白很羡慕这样的生活，但又不能彻底放弃入仕的梦想，于是他在现实和梦想的夹缝中狂饮，然后纵身一跃，化为一只大鹏，看黄河之水天上来，笑岁月如刀催人老，唱人生得意须尽欢。

在长安城碰壁归来的李白，不再想做官，只想饮酒。这世间的英雄帝王、贤士名流，多数都是寂寞的，只有那些善于喝酒的人，醉酒后留下了锦绣诗文，才是真正的万古流芳。李白被誉为"谪仙人"，能够斗酒诗百篇，才气响彻大江南北、长安内外，所以他相信自己一定会有东山再起之日。而现在，最开心的事就是和朋友一起痛痛快快地饮酒。

不必在意酒钱多少，钱财乃身外之物，千金散尽还复来；更不必在意世俗的眼光，人生得意须尽欢，取悦自己才是王道。心宽了，世界就宽了。常给自己找乐，生活也就不那么苦涩。

这首《将进酒》是李白最著名的作品之一，妇孺皆知，一咏千年。它的情绪饱满热情，恣意汪洋，或用典，或夸张，句式灵活不一，韵脚变幻多样。既展现出李白的自信与豪迈，又显露出他对富贵的藐视、对不幸遭遇的愤懑。全诗大起大落、大开大合、激情豪迈、荡气回肠。明代徐增称赞曰："太白此歌，最为豪放，才气千古无双！"

第五章
与君醉百场

01　千金一掷买春芳

　　安史之乱后永王发动兵变，李白受了连累差点儿被砍头，多亏有人帮忙求情，才让他死里逃生。流放途中李白又得到天下大赦的喜讯，高兴得心花怒放，病也好了一半儿，于是写信给汉阳好友王县令，约饭约酒约同游。

自汉阳病酒归寄王明府

> 去岁左迁夜郎道，琉璃砚水长枯槁。
> 今年敕放巫山阳，蛟龙笔翰生辉光。
> 圣主还听子虚赋，相如却与论文章。
> 愿扫鹦鹉洲，与君醉百场。
> 啸起白云飞七泽，歌吟渌水动三湘。
> 莫惜连船沽美酒，千金一掷买春芳。

　　去年李白在赶往夜郎的路上极度消沉，曾经的妙笔也枯萎了，难以开出奇丽的花朵。可是今年遇赦，他的笔又神奇地复活了，恢复了往日的灵气与生机。

　　好不容易重获自由，李白并不急着回家报喜，而是先给汉阳的好友写信，约他在鹦鹉洲好好大醉一场，不对，是一百场，把这些日子没有喝的酒全都补回来。李白还半开玩笑地让好友多准备一些船只，每只船上都载满了美酒，然后他们一船一船地喝。千金买酒似乎很奢侈，但仔细想想，那罐子里装的岂止是酒，更是美好的时光啊！

这首诗中李白运用了对比的手法，写出了自己获释前后截然不同的心境，用浪漫瑰丽的想象尽显自己豪放的姿态和狂妄的语气，那个桀骜不驯、梦飞九天的李太白又回来了！

都说酒品见人品，李白也喜欢在酒桌上洞悉人心。有一天，他来到安徽历阳，王县令热情设宴款待李白，自己却不饮酒，让李白很是扫兴。

嘲王历阳不肯饮酒

> 地白风色寒，雪花大如手。
> 笑杀陶渊明，不饮杯中酒。
> 浪抚一张琴，虚栽五株柳。
> 空负头上巾，吾于尔何有？

王县令也是一个喜欢琴棋书画的雅士，对五柳先生也是相当的崇拜，只是他不胜酒力，从不饮酒，让嗜酒成性的李白非常不解和不屑。

外面白雪飘飘，寒风凛冽，可屋中却欢声笑语，甚是温馨。只有李白脸上流露出不满的神情，他举着酒杯嗔怪王县令不能饮酒，十分不悦。在李白心中，王县令如果不饮酒，即使种再多的柳树，抚再美妙的琴声，也难以和五柳先生相提并论。

李白的这首诗写得非常直白爽快，紧紧围绕着一个"嘲"字下笔，用犀利的语言讽刺王县令不能喝酒又故作姿态的性情。虽然并不是每个人都喜欢或适合喝酒，李白这样说也的确强人所难，但是话里话外也足以看出他的真性情。在李白眼中，王县令就是叶公好龙，一个从不饮酒的人，怎能读懂五柳先生真正的精神世界呢？

02　初生牛犊不怕虎

李白遇赦之后，并没有改变报国之志，还想着有朝一日能东山再起。他不敢奢求重回长安，但希望能做个幕僚谋士。他这匹老马虽跑不了千里，但还有识途带路的本事。

过了江陵，李白又来到蜀地重游，一边拜访老友重温旧情，一边等待良机卷土重来。南陵县令韦冰是李白在长安时的朋友，二人再次相逢感慨万分，李白向老友倾诉了内心深深的愁怨，大醉后作诗相赠，道出了"我且为君捶碎黄鹤楼，君亦为吾倒却鹦鹉洲"的心愿。

李白和黄鹤楼很有缘，当年他第一次来到此处时本想题诗，却因崔颢的《黄鹤楼》在前而迟迟不敢下笔，直到在黄鹤楼送好友孟浩然南下，他才写下了"孤帆远影碧空尽，唯见长江天际流"的千古名句。而今天下大赦，他又重返自由，所以才在醉后放言要为老友捶碎黄鹤楼。

这本来是友人之间的闲聊，没想到传到他人耳中，竟被当作笑话。一个叫丁十八的毛头小子，讥笑李白一大把年纪还聊发少年狂，写诗把他一顿吐槽。李白一见来了气："我李白一生作诗无数，想怎么写就怎么写，想怎么狂就怎么狂，哪轮得上你小子跳出来指手画脚？"大醉后，李白写诗反击。

醉后答丁十八以诗讥余捶碎黄鹤楼

黄鹤高楼已捶碎，黄鹤仙人无所依。
黄鹤上天诉玉帝，却放黄鹤江南归。
神明太守再雕饰，新图粉壁还芳菲。
一州笑我为狂客，少年往往来相讥。
君平帘下谁家子，云是辽东丁令威。
作诗调我惊逸兴，白云绕笔窗前飞。
待取明朝酒醒罢，与君烂漫寻春晖。

李白告诉丁十八："黄鹤楼已经被我捶碎了，骑黄鹤的仙人没有可落脚的地方，就跑到玉皇大帝那里去告我的状。奇怪的是，玉帝不但没有怪罪于我，反倒把黄鹤流放到了江南。"说到这里，李白得意地哈哈大笑，向丁十八指出新建黄鹤楼的特征之处，语气放荡不羁，自信至极。

这个丁十八到底是何许人也，竟敢和李白叫板？原来他是汉朝辽东丁令威的后人，平时也喜欢舞文弄墨。但这小子年少轻狂，竟然敢班门弄斧，写诗嘲笑李白，真是初生牛犊不怕虎啊！然而李白并没有真生气，自己年少时不也和他一样吗？面对李邕的冷板凳，年少的李白也曾很不满意地说："宣父犹能畏后生，丈夫未可轻年少。"所以，李白和丁十八相约："明天酒醒之后，我将和你一起共赏春光，让你好好见识一下谪仙人的风采。"

多么率真可爱的李白，面对丁十八的挑衅不但不真气恼，反而还想和他做忘年交。他既欣赏这个年轻人身上的勇敢和才气，但又想让他知道什么是天高地厚，还想指引他如何能妙笔生花，字里行间尽显一个长者的胸襟与霸气。

这首小诗风趣自然，言语中带有几分调侃之意，还有几分得意之情。分寸和节奏都把握得恰到好处，给自己和对方都留足了面子，最后又大方地主动约对方和解，格局之大，令人佩服。

03　醉后发清狂

元代高明的《琵琶记》中有一经典台词："我本将心向明月，奈何明月照沟渠。"

好不容易被赦免的李白，又聊发了继续为朝廷效命的少年狂，于是又开始给官员们写拜谒诗求职。可是他在江夏苦等数月无果，只好转头来到了湖南。在岳州，他又遇到了被贬岭南途经此地的族叔李晔，二人多年未见，甚是欢喜，一起在竹林饮酒，夜游洞庭，以排遣彼此心中的苦闷与烦忧。

陪侍郎叔游洞庭醉后三首

其一

今日竹林宴，我家贤侍郎。

三杯容小阮，醉后发清狂。

其二

船上齐桡乐，湖心泛月归。

白鸥闲不去，争拂酒筵飞。

其三

划却君山好，平铺湘水流。

巴陵无限酒，醉杀洞庭秋。

竹林幽幽，清风习习，李白与李晔对坐而饮，像极了竹林七贤里的阮咸和阮籍。二人说说笑笑，不知不觉明月当空。他们又一同登上小舟，漫游洞庭湖，纵情高歌长啸。

第一首诗中化用阮咸与叔父阮籍的典故，抒发了英雄无用武之地的感慨，表现出诗人醉酒后的高迈不羁之态。

水鸟在水面上空不断地盘旋，闻到酒菜的香气，竟然也飞扑过来。李白吹了几声长哨，水鸟们都乖乖地落在他的手上、肩头，仿佛是他的爱宠。"飞！"李白一扬手，鸟儿们又听话地向远方的汀洲飞去。

在电影《长安三万里》中也有类似的情景，李白指挥着飞鸟上下飞舞，别样帅气潇洒。原来李白在年少时，曾学过一些驯鸟术，所以他可以和鸟儿相互倾诉与聆听，了解彼此的心声。

第二首诗非常富有诗情画意，皓月当空、静影沉璧、飞鸟翔集，凸显了李白乐观的精神和豪迈的气概。

小船向湖心漂去，说笑声在水面上荡起层层涟漪。不知是被秋水所醉，还是被这美酒所醉，李白感到眼前的世界越来越朦胧迷离，如同进入仙境。他好想把湖畔的山峰削去，让洞庭湖宽广无边。这超乎寻常的想象，表现了李白要铲除人生路上的艰难险阻的决心。

这三首诗独立存在又环环相扣，构思巧妙、语言洒脱、情景交融、意境开阔。用看似醉话的语言，表达诗人复杂的内心感受，发人深思。

醉眼看世界，冰心在玉壶。李白一生饮酒、醉酒、赞酒、爱酒，在似醉非醉中他放飞自我，肆意翱翔，将诗词的浪漫之花撒播于天地之间，千古流芳！

卷七　明月魂——永结无情游

暮云收尽溢清寒，银汉无声转玉盘。

借一轮明月，寄一曲相思，送友人，送恋人，也送给曾经的自己。

第一章
举头望明月

01　月半弯

李娟曾说过："太阳未出时，全世界都像一个梦，唯有月亮是真实的；太阳出来后，全世界都真实了，唯有月亮像一个梦。"李白也爱看月，无论是如玉满月，还是似舟残月，他都看得如痴如醉。

李白年少时，曾在四川绵阳的大匡山隐居十年，整日读书、练剑，度过了美好的花样年华。每当回首这段青葱岁月时，李白的脸上总会露出灿烂的笑容。

雨后望月

四郊阴霭散，开户半蟾生。

万里舒霜合，一条江练横。

出时山眼白，高后海心明。

为惜如团扇，长吟到五更。

这一天，李白正在室内读书，忽然窗外下了一场疾雨。雨点如豆，打得窗棂"噼啪"作响，然后又淘气地跃入院中，跳起快乐的舞蹈。

这雨来得急，去得快。不一会儿，雨过天晴，李白打开窗户，正看见一弯半月悄悄升起，那清澈如水的月光，更显得柔美多情。李白站在窗前，痴痴地与月对视，无言无声，却又好像你依我侬。

远处的原野上，正笼罩着朦胧的轻纱；寂静的江面，在月光的映照下分外清亮，别样宽广。月光在水面上跳起了轻盈的舞蹈，如敦煌壁画上的飞天，如广寒宫中的嫦娥，如曹植《洛神赋》中的仙子。李白看得如痴如醉，忘记了读书，也忘记了时间，轻轻地低吟着诗句，陪着月儿一直轻舞到天明……

有人曾说，李白看的是月，想的却是意中人。年轻时的李白，正值情窦初开的年纪，心中也会有喜欢的人，但碍于种种原因，不便言表，所以只能深藏在心中，化为淡淡的思念。

山中雨、天边月、梦中人，给李白留下太多美好的回忆。仿佛一张张老照片，无论何时翻起，心中都常驻温馨与芳华。

李白在大匡山闭门苦读十年，常常挑灯夜战，方圆几十里都可以看到山上的灯光，后人将他学习的地方叫"读书台"，也叫"小匡山"，又叫"点灯山"。山上有一块十分方正的石头，据说是李白的书籍所化，又叫"书箱岩"。人们又在石板上发现了他驻足背书的足迹，看来李白的才华不仅源于天赋，更在于勤奋。

大匡山陪伴李白走过青春年少，也孕育了他化身大鹏展翅九霄的梦想。多年以后，李白走下大匡山，离开蜀地，还特意作诗与其相别。

别匡山

晓峰如画参差碧，藤影风摇拂槛垂。
野径来多将犬伴，人间归晚带樵随。
看云客倚啼猿树，洗钵僧临失鹤池。
莫怪无心恋清境，已将书剑许明时。

少年负意气，怒马逐春风。李白虽然也钟爱大匡山的秀美风光，但心中的凌云壮志也不能轻言放弃。他勤学苦读多载，就是为了有朝一日能登上黄金台，施展雄才大略，辅佐君主成就一番伟业。于是，他拜别家乡，荡舟三峡，仗剑走天涯。

02　月下美人舞

　　江南有多美？小桥流水人家，斜风细雨桃花。华灯初上，秦淮河两岸花红柳绿，歌舞升平，一片繁华。725 年，25 岁的李白初到金陵，也被这醉人的江南风情所陶醉，与新结识的朋友在酒楼中纵情谈笑，金樽渌酒，不负流光。

　　白纻本为白色的苎麻，是吴地的特产。后来又衍生出一支同名的舞曲，并在宫廷之中广为流传。而李白又将它变成诗词，让美丽多姿的歌姬从中路过，分外娇艳可人。

　　天上月正柔，两岸花太香。酒宴中，吴地歌女们倾情献艺，彩衣翩翩，如孔雀开屏，真可谓"锦上添花"。李白借三首诗，引出了三个才貌双全的歌舞艺人，争奇斗艳，各自芬芳。

白纻辞三首

其一

扬清歌，发皓齿，北方佳人东邻子。
且吟白纻停绿水，长袖拂面为君起。
寒云夜卷霜海空，胡风吹天飘塞鸿。
玉颜满堂乐未终，馆娃日落歌吹濛。

其二

月寒江清夜沉沉，美人一笑千黄金。
垂罗舞縠扬哀音。
郢中白雪且莫吟，子夜吴歌动君心。
动君心，冀君赏。
愿作天池双鸳鸯，一朝飞去青云上。

其三

刀剪彩缝舞衣，明妆丽服夺春晖。

扬眉转袖若雪飞，倾城独立世所稀。

激楚结风醉忘归，

高堂月落烛已微，玉钗挂缨君莫违。

何为美人呢？沉鱼落雁、闭月羞花、倾国倾城、绝世芳华。李白笔下的这些美人，能歌善舞，各有风韵。

"北方有佳人，绝世而独立，一顾倾人城，再顾倾人国。"汉朝时，李延年的妹妹李夫人就凭借这倾国倾城之貌，成为汉武帝的宠妃。

而在司马相如的《美人赋》中，也有一个绝代佳人东邻女子，她"云发丰艳，蛾眉皓齿，颜盛色茂，景曜光起"，令人一见倾心，过目难忘。

李白第一首诗中所描述的这位歌姬，也明眸皓齿，宛若李夫人转世，东邻女子重生，但见她秀发高绾，如云朵飘逸；朱唇轻启，似百灵歌啼；挥一挥长袖，若仙鹤展翅；摆一摆裙袂，似天仙下凡。她的歌声婉转悠扬、清亮如玉、圆润如露，恰似天籁之音；她的舞蹈，如风一样轻盈，如火一样热情，如梦一样玄幻，如诗一样浪漫。李白和客人们都看得如痴如醉，忘记了美食，忘记了饮酒，甚至忘记了喝彩。

李白化用典故，将歌姬比作李夫人、东邻女子，突出她的美貌绝伦、技艺超群。用胡地的苦寒环境、奇异的边塞风光来衬托室内仙乐飘飘的热闹气氛，我们也可从中看出李白乐观的心态。

第二首诗中，李白重点描绘的不是歌姬的美貌，而是她的技艺好。但见当琵琶声响起时，又一个女子低垂着小脸缓步上场，伴随着丝弦之声轻舞腰肢，一展歌喉，像一朵带露的蓓蕾在夜色中柔柔盛开。她轻启朱唇，柔指拨弄琴弦，无论是《阳春白雪》还是《子夜吴歌》，都那么婉转动人，真是千金难求！

女子的歌声时而伤感，时而多情，似乎是唱给她的意中人，希望能与他一同化作鸳鸯鸟比翼齐飞。李白看着她那痴情的目光，也被她的歌声所深深打动。李白借月夜寒江的宁静，衬托出歌声的悠扬、舞姿的曼妙，这种以静衬动的手法实在高妙，与"明月松间照，清泉石上流"有异曲同工之妙。

第三首诗中出场的歌姬身着七彩霓裳，扬眉若云，转袖似雪，有倾城之姿，更有倾国之才。《激楚》《结风》都是节奏急促如疾风的歌曲，在司马相如的《上林赋》中就曾提到"鄢郢缤纷，激楚结风"。而这位美女高歌《激楚》，飞舞《结风》，将整个宴会的气氛掀到了高潮，在场的宾客们无不鼓掌相和，高声赞叹。

仙乐飘飘，沉香袅袅，不知不觉月落西山，华灯初上。众人们喝得酩酊大醉，有的伏案而睡，有的和歌姬缠缠绵绵，酒后的山盟海誓虽然不可全信，但痴情的歌姬也希望对方醒后不要食言。这首诗是酒宴的高潮和尾声，也表达了歌姬对美好爱情的向往。

这三首诗以时间为序，将宴会上的歌舞表演从开场到结束生动自然地展现在读者面前。李白站在旁观者的角度，用夸张的手法凸显出歌姬们的貌美如花、技艺不凡，同时也表达了她们对美好爱情和幸福生活的大胆追求。

03　白月光

"露从今夜白，月是故乡明。"李白远离家乡，四处漂泊，常常梦回家乡，与亲人团聚。这一夜，李白又失眠了。

躺在床上的李白辗转反侧，眼睛睁开又闭上，闭上又睁开，可就是丝毫没有睡意。地面上雪白的一片，莹莹闪亮，是霜吗？不，是皎洁如雪的月光。李白坐起身来，看着窗外那轮明月，不觉心中一酸，低下头来，泪水轻轻地滑落脸庞，家人的身影又在眼前闪动，熟悉的声音又在耳畔回响，真的好想他们啊！

然而开弓没有回头箭，离开家乡多年，李白干谒入仕的道路并没有走通，大鹏梦也没有实现，他不能就这样无功而返。再苦，再难，再孤单，他也要坚持下去。

静夜思

床前明月光，疑是地上霜。
举头望明月，低头思故乡。

此时的李白，想的是家乡，叹的却是壮志难酬、有家难回的自己。很多人在长大后背井离乡，独在异地，望着月光才恍然明白"月是故乡明"的道理，与"低头思故乡"的李白也产生了共鸣。这首诗唱响了古往今来天南海北太多异乡人共同的心声，难怪明代郭浚在《增定评注唐诗正声》中评道："悄悄冥冥，千古旅情，尽此十字（末二句下）。"

　　我们从小就背李白的这首《静夜思》，但至今也无人能说清它究竟作于何时何地。虽然诗的来历众说纷纭难以考证，但并不影响它的远播，这首诗被翻译成一百多种外文版本，将思乡之愁传到世界各地。

　　李白的家乡在四川绵州，他自从二十五岁离开蜀地仗剑远游，就再也没有回过家乡，夜深人静时，也只能借月亮表达对亲人的思念。后来，李白在湖北安陆定居，一住就是十余年。

　　当年，李白的偶像司马相如曾在《子虚赋》中生动详细地描绘了一个叫云梦泽的人间仙境，那里盛产珠宝矿石，遍地珍禽奇葩，景色优美如画，让李白十分向往。云梦在唐朝隶属安陆，李白慕名而来，亲眼一见，果然名不虚传。于是，他就留在这里求仙访友，纵情言笑。

　　李白听说前宰相许圉师也住在安陆，于是拿着最满意的诗作前去拜谒，老相爷赏识他的才学，并引来自己的小孙女许紫烟与其相见。第一次见到紫烟，李白的心就怦然一动，巧笑的脸庞、流盼的眼眸、窈窕的身姿、温柔的声调，深深地刻在李白的脑海中，挥之不去。原来，真的不可不信缘。

　　恋上一个人，爱上一座城。从此，李白不顾世人的嘲讽入赘许家，并和妻子在碧山（今白兆山）中隐居。家对于李白来说，不是围城，而是港湾，而妻子就是始终等他归航的灯塔，温柔又坚定，无论他在外面漂泊多久，总要寻着那缕目光归来。

第二章
明月出天山

01　青天有月来几时

　　中华历史很"年轻"，也就上下五千年。放眼宇宙，我们的"好邻居"月亮又在天上居住多久了呢？

　　早在战国时期，楚国大夫屈原就曾对着苍茫太空发出了《天问》："遂古之初，谁传道之？上下未形，何由考之？冥昭瞢暗，谁能极之？冯翼惟象，何以识之？"初唐时期，张若虚也曾在《春江花月夜》中发出灵魂拷问："江畔何人初见月？江月何年初照人？"

　　这样奇怪又有趣的问题，我们的青莲居士也一直困扰于心。这一天，李白和老朋友贾淳一起饮酒，正好明月当空，李白问老友："世人都想活到天荒地老，然而人生最多也就百年。倒是这看似无情无爱的月亮活得更长久，也不知它至今贵庚几何？"贾淳笑道："这我可不知道，都说你李白是天上贬谪下来的神仙，有通天之灵感，要不，你问问它？"李白朗声大笑，索性答应："好，问问就问问。"

把酒问月·故人贾淳令予问之

青天有月来几时？我今停杯一问之。
人攀明月不可得，月行却与人相随。
皎如飞镜临丹阙，绿烟灭尽清辉发。
但见宵从海上来，宁知晓向云间没？
白兔捣药秋复春，嫦娥孤栖与谁邻？
今人不见古时月，今月曾经照古人。

古人今人若流水，共看明月皆如此。

唯愿当歌对酒时，月光长照金樽里。

李白放下酒杯，对着明月深施一礼："晚生李白，这厢有礼。请问您老人家今年高寿了？嫦娥和玉兔，还住在广寒宫吗？您身上的花纹，是不是传说中的桂树啊？"月亮只是微微一笑，并没有回答。李白举杯敬月，似乎心领神会。

时光飞逝，就像这月光一样可观却不可追。今人不见古时月，可今月却照古时人，今人和古人都终将逝去，却又可跨越时空的界限，抬头观赏同一轮明月，这也是一件很奇妙的事。李白哈哈大笑，一饮而尽："我要让明月永驻我心，一生长相伴！"

诗是抒情的河流，也可蕴藏隽永的思考。李白的这首诗，从举杯问月到月留金樽，醉与幻合一，问与思交错，情与理交融，浪漫飘逸，若行云流水，余味无穷。诗中的疑惑，表现了世人对宇宙的不解，又多角度地表现了诗人独特的世界观。神秘又美丽的明月下，更能凸显出李白孤高出尘、遗世独立的高大形象。

李白，一个月光中行走的诗人，心怀明月，一生澄澈。

02 梦绕边城月

开元十五年（727年），二十七岁的李白从越州回苏州，和友人一起游姑苏台时，发现此处荒草丛生，再也看不到当年的繁华盛景，心中也难免一片悲凉。

苏台览古

旧苑荒台杨柳新，菱歌清唱不胜春。

只今惟有西江月，曾照吴王宫里人。

姑苏台是春秋时期吴王阖闾所建，其子夫差又将其续建。而后与美女西施天天在此饮酒作乐，荒废朝政，最终落了个亡国的下场。

时光荏苒，一晃千年过去，当年的亭台楼榭早已成了残垣断壁，到处是荒草萋萋，当地百姓喜欢唱的民歌也消散在历史的风尘中，再也听不见了。只有这江上的月亮，不言不语又不离不弃，默默地看着世事变迁，改朝换代。它一定还记得那宫中的美女们，可惜，她们早已化作尘埃，随风而逝了。

天下没有永久的君王，正如元代张养浩曾在《山坡羊·骊山怀古》中所言："赢，都变做了土；输，都变做了土。"想当年吴王夫差也是一代枭雄，大败越王勾践，成就一番霸业。可是他后来骄奢淫逸、傲慢自大、沉迷酒色，最终一败涂地。李白站在残石之上，望着天边那钩弦月，幽幽地叹道："这世间没有什么不死的帝王，也没有永固的江山；这天上没有一成不变的月亮，也没有永生不落的太阳。一切，都不是永恒！"

下山的路上，李白又想起了范蠡。他是治国之良臣、兵家之奇才，曾辅佐越王勾践复国。功成名就之后，他又辞官而退，化身陶朱公改做生意，成了当地有名的大富豪。李白很佩服和仰慕范蠡，期望有一天，自己也能像他一样在天子身边效力，完成重任后也归隐山林，做个快乐的道士羽化成仙，那样的人生才是真正的圆满。

这是一首怀古诗，表面上描写的是姑苏台的今昔变化，言外之意却令人深思。从旧苑荒台的春色到悦耳动听的小曲，让人不禁联想美丽如花的宫中美人、荒淫骄奢的吴国君王，最终都尘归尘、土归土，空余那一轮西江月，陪着诗人一起怀古伤今。诗人咏叹的不仅是岁月的变迁、朝代的更替，还有对人终会走向死亡的感慨。

开元二十三年（735年），三十五岁的李白应友人元演之邀来到太原做客，本想借此机会实现政治上的抱负，没想到辗转三晋之地大半年却一无所获。"日暮秋风起，萧萧枫树林。"李白看到草木黄落，大雁南归，不由得又动了回家的念头。

太原早秋

岁落众芳歇，时当大火流。
霜威出塞早，云色渡河秋。

梦绕边城月，心飞故国楼。

思归若汾水，无日不悠悠。

"七月流火，九月授衣。"火热的夏天已经过去，天气逐渐转凉，连花儿也卸下浓妆，换下彩衣，无奈地谢幕收场。李白看着边城的明月，想起安陆的妻儿，相思之愁伴着这滚滚的汾水，无止无休。

李白想家，可是又不甘心就这么白白地离开，可是再苦守下去似乎又没有什么结果。而立之年，却没有立足之地，还要回去继续做赘婿，继续做隐士，继续在诗酒中虚度光阴。在梦想和现实中挣扎的李白，真的很痛苦，很孤独，也很无奈。唯有那轮明月，还带着家乡的温度，陪伴着他到天涯海角，岁岁年年。

这首诗借景抒情，从视觉和触觉的角度，突出早秋时节的清冷特点，由此转入对家乡亲人的思念之情，一个"飞"字也表现出他归心似箭的急切心情。而后又以水喻相思，与李煜的"问君能有几多愁？恰似一江春水向东流"有异曲同工之妙。

03 古来征战几人回

唐朝时期，虽然国力强盛，但边境地区一直隐患重重、战乱频繁，许多征夫一去就是几年甚至几十年。家中的妻儿老小望穿秋水，却难以看到他们回来的身影。

李白也曾亲往边境地区，关心百姓疾苦，体谅将士苦寒，希望战争能早日结束，征人凯旋。

关山月

明月出天山，苍茫云海间。

长风几万里，吹度玉门关。

汉下白登道，胡窥青海湾。

由来征战地，不见有人还。

戍客望边邑，思归多苦颜。

高楼当此夜，叹息未应闲。

"羌笛何须怨杨柳，春风不度玉门关。"甘肃、新疆一带，古时并不是太平之地，匈奴滋事不断，战火频发。李白登高而望，只见一轮硕大的明月从祁连山上升起，穿行在苍茫的云海之间，眉头紧锁，神色严肃，和中原的妩媚柔和截然相反。李白的心也随之一沉，这是边境的月，而不是长安的月！

当年汉高祖刘邦曾领兵征讨匈奴，没想到竟被困在白登山上七天七夜。内无粮草，外无救兵，风雪交加，四面楚歌，汉高祖也是左右为难。后来，他采纳陈平之计，用重金贿赂单于的爱妾，请其帮忙求情，单于这才同意打开包围圈的一角，放他们通行。

而今，无论是匈奴还是吐蕃，都觊觎大唐国土。一声令下，多少将士在战场上出生入死，血流成河。戍边将士金戈铁马，视死如归。但夜深人静的时候，他们也会眺望家乡的方向，想着家中的亲人，彻夜难眠。他们有家难回，还要建功立业，这种矛盾折磨着他们的内心，让这些铁血男儿也愁容满面，泪洒长襟。而家中妻子，更是凭栏远眺，她们不求丈夫获得什么功名官爵，只期望丈夫能平安归来，一家人早日团聚。

李白的这首边塞诗，描绘了边境风光的雄奇壮丽，也道出了戍边将士内心的愁苦，这与范仲淹的"人不寐，将军白发征夫泪"所表达的情感是一样的。在李白心中，出兵打仗、为国杀敌是男儿的责任，但是无休止的战争给百姓带来了太多的灾难与牺牲，这是不应该重复的悲剧。他的内心是矛盾的，但又无可奈何。

哪有什么岁月静好？只不过是有人在负重前行。边境需要军人把守，战场需要士兵浴血奋战。和平安宁的背后，是流血、分离、牺牲、苦痛。李白无法改变现状，只能借诗词来寄托理解、同情和祝福，希望天下无战，铸剑为犁。

第三章
举杯邀明月

01　对影成三人

　　在很多人的眼中，长安的月亮应该格外大、格外圆、格外亮。真的是这样吗？李白坐在花丛中的石凳上，一个人自斟自饮，形影相吊，倍感落寞。他抬起头来，凝望着高空中的皓月，想起昔日与好友一起通宵达旦畅饮的场景，忽觉一阵凉意拂过心湖。

月下独酌（其一）

　　花间一壶酒，独酌无相亲。
　　举杯邀明月，对影成三人。
　　月既不解饮，影徒随我身。
　　暂伴月将影，行乐须及春。
　　我歌月徘徊，我舞影零乱。
　　醒时同交欢，醉后各分散。
　　永结无情游，相期邈云汉。

　　月下的李白是孤独的。偌大的长安城，却没有一个人陪他喝酒，更没有一个人能读懂他的心声。

　　天宝三年（744年），李白来长安已近两年之久，很多人羡慕他锦衣玉食的生活，认为他已经功成名就，很快就可以抱住天子的大腿一步登天。但实际上，他并没有得到天子的重用，布衣卿相仍然是梦，管仲、诸葛之位遥不可及，没有六月之息，他这只大鹏也

193

难以一飞冲天,只能在天地间无奈地徘徊与等待。

夜色中,李白举起酒杯,与月同饮,与影共舞。李白看似孤独,却又不孤独;看似不快乐,却又快乐。他以花丛为舞台,把自己当主角,又拉着明月与清影做配角,独角戏变成了歌伴舞,反复吟唱着"行乐须及春"的主旋律。

周国平曾说过:"越是丰盈的灵魂,往往越能敏锐地意识到残缺,有越强烈的孤独感。在内在丰盈的衬照下,方见人生的缺憾。反之,不谙孤独也许正意味着内在的贫乏。"李白不畏孤独,也不拒绝孤独,反而能与孤独和解,并享受这种孤独,让我们看到他乐观博大的襟怀和那颗永恒不变的赤子之心。

李白一共写了四首《月下独酌》,这是其中的第一首,也是最著名的一首。诗人借月下美景,加以丰富离奇的想象,抒发了内心复杂多变的情感。孤与不孤、不乐与乐之间,诗人在月光下载歌载舞,熠熠生辉,别样洒脱。此诗写得清丽脱俗,犹如妙手偶得,浑然天成,难怪清代沈德潜在《唐诗别裁》中评:"脱口而出,纯乎天籁,此种诗人不易学。"

02 玲珑望秋月

孤独的是人,寂寞的是心。

西汉才女班婕妤入宫后,最初很受成帝怜爱,没想到却被后来入宫的赵飞燕所诬陷,从此失了宠。班婕妤不想陷入宫斗的旋涡,自愿退居长信宫侍奉太后。夜深人静的时候,她一个人在玉阶上踯躅,往事如昨,历历在目。

"人生若只如初见,何事秋风悲画扇。"曾经的欢声笑语、双宿双飞,都如过眼云烟,而今的自己就像秋日里不再被需要的团扇,被人锁入箱中遗弃和冷落。心生幽怨,却无力还天,她只好作《自悼赋》以泄心中之苦:"华殿尘兮玉阶落,中庭萋兮绿草生。"

古往今来,多少多情女子被无情汉所伤,无人慰藉,只能独立在风中,含着泪向远方眺望。李白笔下,也不乏这样的痴心女。

玉阶怨

玉阶生白露，夜久侵罗袜。
却下水晶帘，玲珑望秋月。

　　秋夜凉如水，一个消瘦的身影站在冰冷的石阶上久久地凝望。月光在她身上披上了一层薄薄的轻纱，白露打湿了她的罗袜，可她还是呆呆地伫立，许久，两行清泪簌簌流下。今夜，他——又不会来了。

　　转身回到室中，她轻轻放下水晶珠帘，却放不下对他的思念。清脆的响声划破夜空，但很快又恢复了往日的沉寂。而她，还隔着珠帘遥望着天上的明月，想着那心上的男子，希望他也能如此热烈地想着自己。

　　不必问她究竟是谁，古往今来，有多少像班婕妤一样的女子被爱人冷落甚至抛弃，长夜孤灯，凄凄惨惨戚戚。当秋月再次叩打着寂寞的心扉，李白化身一个饱经相思之苦的女子，站在玉石阶上，望月诉衷肠。这首宫怨诗笔法温柔细腻、幽邃深远，怨又不怨，矜丽素净，别有一种冷静的相思之美。

　　明月寄托相思，诗词蕴藏表白。从"所谓伊人，在水一方"到"一日不见，如三月兮"，从"山有木兮木有枝，心悦君兮君不知"到"玲珑骰子安红豆，入骨相思知不知"，从"心知接了颠倒看，横也丝来竖也丝"到"曾经沧海难为水，除却巫山不是云"……柔情似水的文字，记载着世间最美好纯真的思恋，无论有没有结果，都是一段难忘的插曲、一个美丽如诗的梦。

秋浦歌（其十三）

渌水净素月，月明白鹭飞。
郎听采菱女，一道夜歌归。

　　青山迢迢，绿水逶迤，一轮素月当空，照得一江春水宛若琉璃。和风暖暖，清辉潋滟，白鹭在泛着银波的水面上闲适地翔集。远远地，传来一阵婉转动人的歌声，像彩云在空中飘荡，像百灵在枝头欢嬉。岸边种田的男子放下锄头，循着声音望去，原来是采莲的女子在船头唱歌。"窈窕淑女，君子好逑。"看着美丽又勤劳的女子，男子也心生爱慕之情，但又羞于表达，只好和她一起唱着山歌，披着一路月光而行。

唱山歌，传真情，这样朴素的求爱方式让人动容。一个在岸边走，一个在水中行。明月就是他们的红娘，山歌就是他们的情话，这种朴实的爱情着实让人感动。

爱可以是一见倾心，也可以是日久生情，但只要心心相印，必能开出幸福的花朵。李白的这首小诗情景交融，充满着浓浓的乡土气息，清新如山中野芳、林中小溪，淳朴动人、恬静俊逸。同时也寄托了劳动人民对爱情的大胆追求、对美好生活的热情向往，那种炽热的情怀，就像粗犷嘹亮的山歌一样，质朴率真又热烈奔放。

03　小时不识月

夜风清冷，吹得梧桐叶呜呜作响，一个身影在树下徘徊，满面愁容。两鬓斑白的李白，望着枝叶间那弯躲闪的残月，轻轻地一声长叹："唉，变了，都变了！"

古朗月行

小时不识月，呼作白玉盘。

又疑瑶台镜，飞在青云端。

仙人垂两足，桂树何团团。

白兔捣药成，问言与谁餐？

蟾蜍蚀圆影，大明夜已残。

羿昔落九乌，天人清且安。

阴精此沦惑，去去不足观。

忧来其如何？凄怆摧心肝。

李白小的时候，不认识天上的月亮，感觉它形似家中的圆盘，又如玉璧一样洁白莹润，于是就叫它"白玉盘"。每当月亮又大又圆的时候，小李白就喜欢坐在院子中捧着小脸仰望，怀疑它是瑶台仙人的明镜，随风飞到了天上，银光四射，让人可望而不可即。

李白从小就喜欢看月，并常对着它问一些稀奇古怪的问题，再加上自己丰富多彩的想象，给月亮又披上了一层美丽又神秘的面纱。李白与月亮结下了不解之缘，也视其为真心知己，喜怒哀乐都喜欢与其分享。一晃几十年过去了，李白已从一个活泼可爱的小顽童变成了满脸沧桑的落魄大叔，幸好有月亮一直与他相依相伴，如影随形，让他不会觉得太孤单。

李白离开长安多年，但他的心还在长安。他在各地云游时，发现了一些蛛丝马迹，安禄山手握重兵，图谋不轨，伺机造反，如果他反了，那大唐可就危险了。天上那弯残月，似乎也忧心忡忡。一种不祥的预感涌上李白的心头，阴云也从四面卷来，很快就将那弯残月吞掉。他无奈地独立在风中，脚步却异常沉重，是去还是留，他还没有完全想好，愁云却早已在心空弥漫开来，难以散去。

李白的预感是对的，果然没多久，安史之乱爆发，天下大乱，李白也忙着赶回家中，与妻子一起隐居庐山。站在山中，他看着那弯残月，孤零零地悬在寒夜里，和他一样一脸愁怨，满腹彷徨。

这首诗为跨越时空之作，起笔很浪漫，借孩童时代的眼睛看月，美丽无瑕、奇幻可爱。但随着诗人经历的变化，所见的月亮也变得愁眉苦脸。现实中的月与童年的月形成鲜明的对比，诗人也借此暗讽朝政，表达出心中的愤懑与担忧之情。

第四章
欲上青天揽明月

01 俱怀逸兴壮思飞

李白有位故人名叫李云，按辈分李白还要叫他一声叔，但二人并没有族亲关系。此人才华卓著，性格耿直，曾任秘书省校书郎等职。天宝十一年，李云在担任监察御史期间，依法秉公巡查，不畏权贵，打击贪官，铲除恶霸，还百姓一方净土，深受百姓敬仰。

天宝十二年（753年），五十三岁的李白在宣州游玩访友期间偶遇李云，本想好好叙旧，但李云又急着赶去上任，于是李白在谢朓楼大摆筵席为其钱行。

宣州谢朓楼饯别校书叔云

弃我去者，昨日之日不可留；
乱我心者，今日之日多烦忧。
长风万里送秋雁，对此可以酣高楼。
蓬莱文章建安骨，中间小谢又清发。
俱怀逸兴壮思飞，欲上青天揽明月。
抽刀断水水更流，举杯消愁愁更愁。
人生在世不称意，明朝散发弄扁舟。

原本是一首送别诗，李白却淡化了离别时的感伤，用重笔抒发了自己仕途不畅、壮志难酬的郁闷与悲愤之情。

"子在川上曰：'逝者如斯夫，不舍昼夜。'"时光如流水，一去不复返。多少不开心的"昨日之日"都已经翻篇，已年过半百的李白，眼睁睁地看着一个个崭新的"今日之日"又重复着昨日的失落，内心的苦闷无处诉说，像小山一样压抑在心头久久难以摆脱。

而后诗人将目光转向寥廓的天空，看着长风送秋雁、秋水共云天的景象，心情也豁然开朗。此时的李白意气风发，仿佛是一只鸿鹄，在高空中自由翱翔，即使达不到梦想的天边，但仍壮思飞扬，可上九天揽月。

李白的才情自不必说，他赞美李云的文章具有建安风骨，却自喻为文风清新的小谢（谢朓），自信之情溢于言表。清高傲岸的李白，却难以遇到真正的知音，世人只知道他的诗词之美，却不懂他的豪情壮志，即使来到天子身边也没有被委以重任，李白也只能失望地离开。

理想与现实之间的巨大差距不可忽视，从九天跌落而下的李白感到十分苦闷和彷徨。"抽刀断水水更流，举杯消愁愁更愁"，诗人用化抽象为形象的手法，将内心的忧愁比作滔滔江水，绵绵不休。此时的李白人生过半却仍一事无成，他满心的悲愤难以排解，即使是最烈的美酒也只能让他愁上加愁。在现实中既找不到答案又难以上岸，李白只好借"散发弄扁舟"的方式去远方寻找新的渡口。

有人说李白的这首诗是消极的，最后两句明显带着放弃的意味。但仔细读来，你却可以从中看到一缕光，一缕在现实和理想中磨砺而出的坚韧之光，一缕不屈服于现状又不熄灭梦想的勇敢之光，一缕藐视权贵、活出真我的自由之光。这和苏轼的"小舟从此逝，江海寄余生"有异曲同工之妙，看似无为之举，实则智者之择。

李白的这首诗情感一波三折，大起大落，无须过渡，却浑然一体，自然又豪放，大气又洒脱，哀而不伤，苦而不怨，尽显诗人豪迈豁达的襟怀和乐观豪放的性格。明代周珽在《唐诗选脉会通评林》中赞曰："厌世多艰，兴思远引。韵清气秀，蓬蓬起东海，蓬蓬起西海。异质快才，自足横绝一世。"

无问西东，自在逍遥。月光下的李白身披一件银氅，望着天际那轮朗朗的婵娟，心中也是一片澄澈的月光。

02 愿逢同心者

万两黄金容易得，知心一个也难求。李白亦是如此，虽然无论走到哪里都有朋友，一起游玩，一起喝酒，可是真正懂他的人却是少之又少。

李白表面上放荡不羁，但内心的琴弦却少有人触及。夜深人静的时候，他只能对着明月敞开心扉，就像一个痴情的女子，独上高楼，期待有缘人的到来。

拟古十二首（其二）

高楼入青天，下有白玉堂。
明月看欲堕，当窗悬清光。
遥夜一美人，罗衣沾秋霜。
含情弄柔瑟，弹作陌上桑。
弦声何激烈，风卷绕飞梁。
行人皆踟蹰，栖鸟起回翔。
但写妾意苦，莫辞此曲伤。
愿逢同心者，飞作紫鸳鸯。

高楼参天，厅堂华美，月色入户，别样生辉。女子却一脸愁容，彻夜难眠，罗衫上披着凄凉的月辉，鞋袜上也沾满了清冷的秋霜。她望着窗外无声的明月，低低地长叹一声。

坐在案前，女子轻轻挑动琴弦，一曲《陌上桑》从绮窗飞出，在夜空中弥漫开来，徒增一抹幽怨的色彩。女子的眼神含情脉脉，眼窝中已浸满泪珠闪闪，随着十指的随意拨动，泪儿也肆意飞溅，打湿了衣裳，打湿了古琴，也打湿了她那装满忧伤的心房。

凄婉的琴声随着风儿飘向远方，行路之人听到驻足聆听，鸟儿也在半空中回翔，连天上的明月都忍不住变得伤感，躲在树梢后轻轻叹息。"得成比目何辞死，愿作鸳鸯不羡仙。"女子的忧愁缘于孤独，渴望能遇到同心同德的人相依相伴，化作蝴蝶双双飞。可是李白呢，他家中有如花美眷、知己红颜，但为何常让妻子独守空房，自己总在外面饮酒作乐？他不是变了心，而是心太烦。

李白连续做两次赘婿，除了因为爱情，也不排除他有借用妻子家的资源走上仕途的想法，但可惜都没有遂愿。他一次次拜谒，都被拒之门外；他四处游历，迂回着寻找入仕的途径，但一次次铩羽而归。

他希望能在天子身边成为像管仲、张良一样的人，让"天地皆得一，澹然四海清"，可是忙碌了大半生，好不容易得天子召见，却只让写"宫花争笑日，池草暗生春"之类的宫中行乐词。他的宰相梦，只是黄粱一梦。而这个梦，天子并不知晓，更不会答应。

他委屈、郁闷，只能借酒浇愁，但心里的苦还是难以彻底排解。李白遥望着长安月，摇着头说："其实，你不懂我的心。"诗中，我们看到的是多情的女子；诗外，我们读到的却是失意的李白。他借用女子的身份来诉说心中的幽怨，让我们似乎忘记了诗人的存在。

清代纳兰性德的名作《木兰花·拟古决绝词柬友》（人生若只如初见），表面上是一首爱情诗，实则是写给朋友的，借一痴心女子向伤害她的男子提出了分手的情形，反其意表达友人之间的情义一样可以生死不渝，天长地久。

李白的《拟古十二首》和其风格相似，有人甚至还把它们和《古诗十九首》相提并论。李白的这组诗并非同时同地而作，表达的情感也并不相同，有的感叹怀才不遇，有的叹息人生苦短，有的抒发离别之苦。我们在读诗时，不能只看诗词的表面，还要挖掘它的内涵，感悟诗人想要流露的真实情感。诗人发挥天马行空的想象，或用典或借喻，体虽仿古，意却自如，不落窠臼，别具一格。清代吴瑞荣曾在《唐诗笺要》中评价说："前辈谓太白《拟古》文词清丽，从鲍、谢来，非《十九首》风格，良然。"

03 知音安在哉

李白的梦想还没如愿，安禄山造反了，天下大乱，长安城也无法长安，连皇帝贵妃都逃离了京城。李白也不敢在外地逗留，火速赶回家中带妻子上庐山避难。

在庐山的屏风叠，他建了一个草堂，天天在此读书作诗。恰逢故友王判官路过此地，二人多年不见甚是欢喜，李白请他喝酒，顺便也向好友吐吐一肚子的苦水。

赠王判官时余归隐居庐山屏风叠

昔别黄鹤楼，蹉跎淮海秋。
俱飘零落叶，各散洞庭流。
中年不相见，蹭蹬游吴越。
何处我思君？天台绿萝月。
会稽风月好，却绕剡溪回。
云山海上出，人物镜中来。
一度浙江北，十年醉楚台。
荆门倒屈宋，梁苑倾邹枚。
苦笑我夸诞，知音安在哉？
大盗割鸿沟，如风扫秋叶。
吾非济代人，且隐屏风叠。
中夜天中望，忆君思见君。
明朝拂衣去，永与海鸥群。

上次二人相聚，还是在黄鹤楼，一晃十多年过去了，老友官运亨通，而李白却还是老样子，像秋叶一样一直在淮海一带徘徊。想到今昔对比，李白不好意思地低下头，自罚了一杯酒。

世人都以为李白只知写诗作赋、饮酒作乐，却不知他也有经世治国之才、布衣卿相之志。他独自一人在吴地漫游，不仅是为了借山水怡情，更是希望有朝一日能重回长安。

王判官听到他的苦衷，为他又重斟了一杯酒，劝他不必太悲观。现在外面时局很乱，安禄山的叛军相当嚣张，天子都自身难保，王公大臣也不知所措，战火四处蔓延，留在庐山也不失为一件幸事。李白虽心有不甘，却也无其他办法，只好点头称是。

　　这首诗作于天宝十五年（756年），正是安史之乱的第二年，李白被迫隐居于庐山避难，内心却充满了忧国忧民之愁苦、报国无门之愤慨。他在政治上是失意的，只能寄情山水来给心灵以慰藉，好友的来访又给了他些许安慰，但转瞬即将分别，又让他产生了浓浓的思念之情。知音难觅，壮志难酬，屏风叠后隐居的李白真的好孤独和失落。

　　老友走后不久，永王派人来请李白出山。李白最开始也是拒绝的，没想到永王竟派人三顾茅庐，诚意满满，把李白那波澜不惊的心又给吹动了。他万万没想到，这一下山就是万丈深渊。几年后，身陷囹圄的李白又想起好友的劝阻，追悔莫及。

第五章
西看明月忆峨眉

01　月出峨眉照沧海

李白因错站永王队而被流放夜郎，幸好天下大赦，他又沿江而返。归来途中，路过江夏，恰逢好友入京，李白悲喜交加，泪洒长襟。

峨眉山月歌送蜀僧晏入中京

我在巴东三峡时，西看明月忆峨眉。
月出峨眉照沧海，与人万里长相随。
黄鹤楼前月华白，此中忽见峨眉客。
峨眉山月还送君，风吹西到长安陌。
长安大道横九天，峨眉山月照秦川。
黄金狮子乘高座，白玉麈尾谈重玄。
我似浮云滞吴越，君逢圣主游丹阙。
一振高名满帝都，归时还弄峨眉月。

这位老友是一名僧人，他从四川峨眉山而来，将要赶往长安城。

当"峨眉"二字再次回响在李白耳畔的时候，他的心潮如洞庭湖一样波涛起伏，不由得又想起当年离开蜀地时写的诗，低声吟道："峨眉山月半轮秋，影入平羌江水流。夜发清溪向三峡，思君不见下渝州。"李白从小在蜀地长大，曾多次登临峨眉山。过去他在巴东三峡附近游历时，也常回首峨眉山，回首家乡的方向，一吐思乡之情。

友人是得道高僧，入京后一定会得天子的召见和器重，李白想象着好友端坐在高殿之上，和许多王孙贵族一起谈经论佛，风光无限，令人羡慕。他不禁又想起自己当年奉旨入京时也是众星捧月，风光无限，而今却一片落寞，不由得又叹息一声。虽然与好友相约重登峨眉，但李白也知道那只能是美梦一场。高楼之上，他与好友共向蜀地的方向眺望。在那里，熟悉的明月在向他们挥手，等待着他们早日回来。

李白的这首赠别诗，以峨眉山月为主线贯穿始终，二人之间的友情也如明月般美好纯洁，诗人借想象和对比等手法，表达了对好友入京的羡慕和祝福之情，其中也不乏对老友的不舍和对故乡的思念之意。宋代严羽曾评论此诗说："是歌当识其主伴变幻之法。题立峨眉作主，而以巴东三峡、沧海、黄鹤楼、长安陌、秦川、吴越伴之，帝都又是主中主：题用'月'作主，而以'风''云'作伴，'我'与'君'又是主中主。回环散见，映带生辉，与有月映千江之妙，非拟议所能学。巧如蚕，活如龙，回身作茧，嘘气成云，不由造得。"

02　月光明素盘

遇赦后的李白又开始纵情山水，他在安徽宣州等地游历期间，曾三次登临铜陵五松山。五松山沿江而立，山之巅有一株古老的松树，一根生五枝，就像一只擎天的巨掌，苍鳞虬枝，黛色葱茏，所以此山被誉为"五松山"。李白很喜欢这座山，曾作诗赞曰："五松何清幽，胜境美沃洲。萧飒鸣洞壑，终年风雨秋。响入百泉去，听如三峡流……"

或许这里的景色太迷人了，让李白也流连忘返，不知不觉日落西山，星月满天。李白来不及返回城中，只好来到山脚下找到一户人家借宿一晚。没想到这一夜，又让他难以入眠。

宿五松山下荀媪家

我宿五松下，寂寥无所欢。
田家秋作苦，邻女夜春寒。
跪进雕胡饭，月光明素盘。
令人惭漂母，三谢不能餐。

这家的老婆婆姓荀，看样子也年近古稀了。听说李白想借宿，热情地将其请到家中。老婆婆家中的摆设很简陋陈旧，李白环顾四周，没看到一件值钱的家具，老人家靠种地为生，日子过得也很艰难。

老人做饭时，李白来到院中转转。听到邻居家传来春米的声音，隔着篱笆墙，又隐隐能看到有女子的身影闪动。门外也有一些扛着锄头的身影经过，那是人们刚从田间耕作归来，李白不禁又想起了五柳先生的"带月荷锄归"。

很快，老婆婆就把晚饭准备好了，看着桌子上的粗茶淡饭，李白手中的筷子似乎有千斤重，怎么也抬不起来。望着眼前这位白发苍苍、满脸沧桑的老婆婆，李白不禁又想起当年接济韩信的漂母，顿感无比的惭愧，对老婆婆一谢再谢，却不敢轻易动筷食用。

李白出身于商人之家，从小家境优越，过惯了锦衣玉食、挥金如土的生活。这些年来，在家人和朋友的资助下，他才能有条件四处游山玩水，纵酒欢歌，万万没想到，老百姓的日子竟然这么苦。月光下，李白夜不能寐，耳畔还传来春米的声音，忍不住悄悄落下泪来，辗转反侧，彻夜未眠。

屈原曾说："长太息以掩涕兮，哀民生之多艰。"李白也有一颗悲天悯人之心，他同情百姓疾苦，曾多次写诗诉说战争、赋税给人们带来的沉重灾难，希望能得到统治者的重视。虽然世人给他贴的标签并没有"爱国诗人"这一枚，但他的忧国忧民之心像明月一样纯正无私、明朗澄澈、天地可鉴。

李白的这首诗语言简单质朴，无华丽辞藻之雕饰；人物勤劳淳朴，无外貌言语之描写；情感真诚素朴，无虚假幻想之渲染。诗人采用平铺直叙的方法，叙述他夜宿农家的经过，巧妙化用韩信感恩漂母的典故，表现了对劳动人民的同情和尊敬。南宋诗论家严羽曾对此诗评论道："是胜语，非怯语，不可错会。村家苦况，写出如耳闻目见。"

03　舞爱月留人

在《世说新语》中有这样一个小故事：在安徽当涂县有一座著名的龙山，当年东晋大司马桓温曾在重阳节带着手下一起登山游玩。酒席之间，幕僚孟嘉的帽子不慎被风吹落，可他竟然浑然不知。桓温小题大做，竟让参军孙盛写文嘲笑此事。没想到孟嘉不急不恼，随意说几句话就从容应对，不仅化解了尴尬，还让在场人都赞叹不已。后来，"龙山落帽"这一典故被传为人间佳话。

在古人眼中，重阳节是一个吉祥喜庆的节日。人们喜欢在这一天登高望远，饮酒赏菊，祈福长寿。宝应元年（762年）重阳佳节，李白与好友们在龙山摆设酒席，欢饮狂歌，好不热闹。

九日龙山饮

九日龙山饮，黄花笑逐臣。
醉看风落帽，舞爱月留人。

黄色的菊花一朵朵竞相开放，在秋风中尽情舞蹈，似乎在与游人同醉。可是在李白看来，这些花儿是在嘲笑自己，嘲笑一个像孟嘉一样受人轻视的贤士，一个在仕途上不断碰壁的失败者。

秋风吹落帽子又能怎么样呢？它改变不了我的心志，也吹不走我的才华。过度在意他人的看法，只能让自己产生太多的精神内耗。想到这里，李白举起酒杯哈哈大笑，在月下尽情地载歌载舞。而月亮似乎也舍不得他离去，一直含情脉脉地凝视他，笑而不语。

　　这首小诗巧妙化用"龙山落帽"的典故，生动又自然地写出了诗人内心由愤懑到释然的变化，尽显李白的洒脱和飘逸。而"月留人"三字最耐人寻味，表面是月亮在挽留李白，实则是李白放不下红尘，与"仍怜故乡水，万里送行舟"的手法有异曲同工之妙。

　　身披月光的李白，内心也有一轮皓月，伴着他离乡、追梦、大醉，与他同喜同悲，不离不弃。

卷八 谪仙人——大鹏飞兮振八裔

笔落惊风雨，诗成泣鬼神。狂与仙并誉，酒与月同行，大鹏扶摇直上，飞扬跋扈，笑傲江湖，纵使折翼，痴心无悔！

第一章
此时此夜难为情

01　长安一片月

李白飘逸若仙，但并非不食人间烟火。他也知儿女情长，也曾怜香惜玉，也常站在女性的角度，写一些清婉的诗词，寄托无限的思念和心中的夙愿。

春思

燕草如碧丝，秦桑低绿枝。
当君怀归日，是妾断肠时。
春风不相识，何事入罗帏？

春风送暖意，天地万物生。小草扭动着柔韧的腰肢，桑树舞动着碧绿的罗裳，为大地跳动着一支朴素又动情的舞蹈，引来不少鸟儿站在枝头热闹地喝彩。柳树下，一个窈窕的身影正在向远处眺望。春天来了，小燕子都找到了去年的家，为什么思念的人儿还没有回来？最恼人的是这不懂事的春风，我和你素不相识，为何要闯进我的罗帏，吹乱我的心绪，激起我的思念，纷纷扬扬的，那不是杨花，而是我无尽的眼泪。

李白像一个白描高手，寥寥几笔，就让站在树下期盼恋人回来的痴情女子的情影跃然纸上。字不在多，足以引起人们的同情与感动。前两句先用起兴的手法，融入比喻、拟人、对偶等修辞，描绘了万物复苏、春意盎然的美丽景象。三四句则由景入情，用对比的手法写出了女子浓浓的相思之情。最后两句则又借景抒情，借不懂事的春风入帷，将女子的思念之苦、幽怨之情又加了一层伤感的色调。

诗中的女子，只是万千思妇中的一个剪影。诗里诗外，多少男子身在异地，家中的妻子春也思来秋也想，一年到头望眼欲穿，但等来的多是寂寞与失落。

子夜吴歌·秋歌

> 长安一片月，万户捣衣声。
> 秋风吹不尽，总是玉关情。
> 何日平胡虏，良人罢远征。

月照长安，别样多情，它是在心疼这捣衣的女子们，又在这清冷的秋夜中忙碌不停。秋风瑟瑟，天气转寒。她们不知亲手捣洗缝制的棉衣，何时才能飞到边关亲人的身边，穿在他们的身上；也不知他们何时才能荡平敌寇，凯歌而还。

女子们只能用力地捣衣，苦苦地等待，等待那熟悉的身影早日出现。孤冷的夜晚，唯有那明月不离不弃，陪着她们一日复一日，一年复一年。

《子夜歌》本是六朝乐府中的吴声歌曲，相传是晋代一个名叫子夜的女子所创的一组乐府诗，主要表达了古代女子对美好的爱情和幸福的婚姻生活的向往。《子夜四时歌》分春夏秋冬四季，李白也以四时情景作诗四首，这首《子夜吴歌·秋歌》正是对应秋景，也是四首诗中流传最广的一首。

诗中一个"爱"字未提，却字字都藏爱；一个"思"字未说，却句句都含思。诗人由月起兴，点明了时间和地点，渲染了清冷的气氛。而后再由视觉转入听觉，"万户捣衣声"让人不禁会想起张若虚《春江花月夜》中"玉户帘中卷不去，捣衣砧上拂还来"的诗句，思妇捣衣的影子浮现在读者面前。而后诗人借景抒情，风声裹带着捣衣声，更表现出女子对戍边男子的思念之情。最后两句直抒胸臆，表达了诗人渴望战争早日结束、戍边将士们早日卸甲归乡的美好愿望。全诗画面感极强，视听效果斐然，言语清新朴素，符合李白"清水出芙蓉"的写作风格。明末清初王夫之在《唐诗评选》中曾评价说："前四句是天壤间生成好句，被太白拾得。"而清代沈德潜也在《唐诗别裁集》中赞颂道："不言朝家之黩武，而言胡虏之未平，立言温厚。"

世人皆知李白诗歌以豪放飘逸见长，但实际上他也有温柔多情的一面。许多情诗从他笔下流淌出来，一样清丽动人。

"明明知道相思苦，偏偏对你牵肠挂肚……"20世纪末流行的一首老歌《明明知道相思苦》，其中就化用了李白《秋风词》中的诗句"入我相思门，知我相思苦"，不知这首歌由李白演唱效果会如何，或许也可以被评为"大唐华语乐坛十大金曲"之一。

秋风词

秋风清。秋月明。
落叶聚还散，寒鸦栖复惊。
相思相见知何日，此时此夜难为情。
入我相思门，知我相思苦。
长相思兮长相忆，短相思兮无穷极。
早知如此绊人心，何如当初莫相识。

秋风冷冷，吹动我颤抖的心弦；秋月皎皎，照亮我含泪的眼眸。花开再艳，也会零落成尘；叶子再绿，也将枯黄离散。一个清瘦的身影，在月下独自踯躅，心里思念着一个熟悉的名字、一个微笑的脸庞，是你，是你，还是你！

入了相思的门，就要饱尝相思的苦。"衣带渐宽终不悔，为伊消得人憔悴。"早知道想念一个人是如此痛苦，还不如当初没有见过，免得一时的欢愉背后是无尽的寂寞与哀愁，像这清冷的风，无止无休，剪不断，理还乱。

诗人开篇写景起兴，借风、月、落叶、寒鸦交代了时节，也渲染了一种悲凉的气氛。而后借主人公之口抒发相思相别之苦，无论长短都让人难以割舍与摆脱，让全诗都洋溢着浓浓的思念之情。

诗中的主人公或许是一个美丽的女子，或许是一个年少的书生，或许就是李白自己。李白也曾有过情窦初开的年华，心中也洋溢着类似的情愫狂潮，或许他也曾为心上人魂牵梦萦，否则怎么能写出如此真诚动人的情诗呢？至于结果如何仍是未知，应该是一个美丽的悲剧吧！

02　青梅竹马

我们从小就听过一个成语——青梅竹马，没想到它的源起竟然是李白。

美丽的秦淮河畔，上演着太多或喜或悲、或聚或散的爱情故事。李白不是专业写爱情小说的作家，但他的叙事诗一样扣人心弦、感人肺腑。

长干行（其一）

妾发初覆额，折花门前剧。
郎骑竹马来，绕床弄青梅。
同居长干里，两小无嫌猜，
十四为君妇，羞颜未尝开。
低头向暗壁，千唤不一回。
十五始展眉，愿同尘与灰。
常存抱柱信，岂上望夫台。
十六君远行，瞿塘滟滪堆。
五月不可触，猿声天上哀。
门前迟行迹，一一生绿苔。
苔深不能扫，落叶秋风早。
八月蝴蝶来，双飞西园草。
感此伤妾心，坐愁红颜老。

早晚下三巴，预将书报家。

相迎不道远，直至长风沙。

这个故事很长，一切要从女主童年时代讲起。当时的她还是个梳着齐刘海、扎着总角的小丫头，和邻家的小男孩常在一起玩"过家家"。小男孩常骑着竹马"哒哒哒"地跑过来，二人绕着井栏，投着青梅，嘻嘻哈哈的笑声像百灵鸟在唱歌。

天真无邪，两小无猜，他们一起携手长大。女主十四岁那一年，他们做了夫妻，琴瑟和鸣，双宿双飞，发誓"执子之手，与子偕老"，就像抱柱而死的尾生，永远不移情。两年后，女主从青涩少女变成了多情少妇，而男主也从无知少年变成了新晋商人，他要去远方谈生意，以维持家中生计，而这一走就是数月不归。

原来，生活不止有诗与幸福，也有思念与远方。

桃花谢辞春红，秋风捎走荷香，绿苔爬满石阶，秋叶染黄小巷，可是丈夫的身影还在远方飘荡，不知所踪。看着草地上的蝴蝶双双飞舞，妻子又想起了二人一起缠绵的美好往昔，断了线的珍珠簌簌滑落，她又坐在桌前给丈夫写信，希望他早点计划回家的日期，她会一直在门口等待，哪怕站成望夫石。

此时二十五六岁的李白正在金陵游历，一连写了《长干行二首》，借商妇的口吻诉说古代商人妻子的生活与情感，表达了对幸福婚姻生活的向往。这首是第一首，也是最有名的一首，李白笔下的男女主人公，和白居易《琵琶行》中的人物有许多相似之处，丈夫都是"商人重利轻别离"，一去数月不回家；妻子皆为"去来江口守空船"，孤枕难眠泪断肠。读他们的故事，让人忍不住也会怜惜诗中女子的遭遇，为其感叹和伤神。"自古多情伤离别"，李白的这首《长干行》，不仅是一曲爱情悲歌，也写满了人生无常。

03 双烟一气凌紫霞

李白不仅借用女性身份写情诗，还喜欢旧曲新唱或旧调改诗。《杨叛儿》本是民间童谣，后来变为古乐府情歌，而它的背后则是一个凄婉的爱情悲剧。

在南朝萧齐隆昌年间，有个太后守寡多年，却偷偷喜欢上了巫师的儿子杨旻。杨旻从小在宫中长大，清秀阳光，玉树临风，深受太后青睐。年少无知又情窦初开的杨旻，禁不起太后的一片痴情的引诱，便与她产生了虐恋。然而不久后他们之间的关系就被他人发现，杨旻被皇帝处死，而太后也被世人所嘲笑。

有胆大的人编童谣在民间流传："杨婆儿，共戏来所欢。"因为有的小孩吐字不清，就把"杨婆儿"说成了"杨叛儿"，后来大家就以讹传讹，"杨叛儿"的故事流传开来，变成了一首久唱不衰的情歌。

爱上对的人，是一种幸福；爱上错的人，是一种痛苦，甚至是一种灾难。

太后的不伦之恋让她饱受折磨，李白听到这个故事后却希望天下有情人能终成眷属，于是他的笔下诞生了一对幸福相爱的男女，携手同心，花好月圆。

杨叛儿

君歌杨叛儿，妾劝新丰酒。
何许最关人？乌啼白门柳。
乌啼隐杨花，君醉留妾家。
博山炉中沉香火，双烟一气凌紫霞。

这是一首浪漫的爱情诗，女主在家里精心准备了浪漫的烛光晚餐，邀请男主共享。男主弹起琴瑟，唱了一首动人的情歌《杨叛儿》，女主含情脉脉地看着他，静静地聆听，深深地陶醉。一曲歌罢，女主为男主斟满了一杯新丰酒，二人举杯对饮，互诉衷肠。

"月上柳梢头，人约黄昏后。"女主想起他们经常在金陵西门旁的大柳树下约会的情景，小脸不觉一红，笑着讲起往事。男主也和她一起回忆，笑声在屋中轻轻地回荡，而他们的手也自然地又牵到了一起。原来，人生不只如初见，还有甜蜜的回忆和幸福的陪伴。

一日不见，如隔三秋。女主在男主怀里娇滴滴地倾诉着相思之苦，男主也在女主耳边发着海誓山盟。男子的醉留，就像那沉香投入到炉中，爱情的火焰炽热浓烈地燃烧，二人你侬我侬，如香火化双烟融成一气，凌入高空化成紫红的云霞……

古乐府中有诗云："暂出白门前，杨柳可藏乌。欢作沉水香，侬作博山炉。"李白巧用其意改写《杨叛儿》，信手拈来，妙不可言。这首诗采用了比兴和引用等手法，借景抒情，画面感极强，生活气息浓厚，与旧版《杨叛儿》相比，情感更热烈，风格更活泼，曲调更欢快，主题更美好。陆时雍在《诗镜总论》中称颂道："杜少陵《丽人行》、李太白《杨叛儿》，一以雅道行之，故君子言有则也。"

第二章
掩泪悲千古

01　吴王宫里醉西施

"滚滚长江东逝水，浪花淘尽英雄。是非成败转头空。青山依旧在，几度夕阳红……"人生如梦，转瞬即空，多少叱咤天地间的英雄帝王，有的青史留名，有的遗臭万年，有的功过各半，但最终都隐入尘烟，留给后人评说。

开元十四年（726年），二十六岁的李白在越中一带游历，当他来到吴越争雄旧址会稽山时，思绪又上下翻飞。亭台易陷，江山易改，追寻历史留下的踪迹，怀古忆今，别有一番感悟涌上心头。

越中览古

> 越王勾践破吴归，义士还家尽锦衣。
>
> 宫女如花满春殿，只今惟有鹧鸪飞。

公元前494年，越王勾践被吴王夫差打败，带着5000人马退居会稽山，被迫投降。勾践跌下王位宝座，成为吴国卑贱的奴仆，终日卧薪尝胆，不敢忘却亡国之辱。三年后他被释放回国，与范蠡、文种等人共谋复国大计。公元前473年，越国再度兴兵讨吴，吴军大败，夫差自刎，勾践重振越国。

可是李白并没有在诗中写勾践的功绩、吴王的骄横、西施的美丽、范蠡的智慧，而是跳过残酷漫长的战争，直接从战后的故事起笔。大获全胜的勾践率五千子弟凯旋，将士们封官领赏，衣锦还乡；王公大臣们举杯同贺，喜气洋洋；百姓们欢呼雀跃，庆祝重生。复国之后，勾践采取了一系列有效的措施使越国不断强大，而他自己也成为"春秋五霸"之一。勾践白天忙于处理政务，兢兢业业、勤勤恳恳；晚上赏歌舞，六宫粉黛、佳丽三千，共享温柔乡。果然是爱江山亦爱美人啊！

历史的车轮无法阻挡，改朝换代的命运在所难免，一千多年过去了，昔日华丽的宫阙楼台化为一片废墟，荒草丛中，几只鹧鸪飞落其间，一会儿又"扑棱棱"飞去，消失不见。李白轻轻地摇了摇头，什么春秋五霸，战国七雄，三国鼎立，最终都融入滚滚的岁月洪流，再强大的国家，再厉害的君主，最终也都化作一抔黄土。

这是一首怀古诗，虽只有短短的四句，内容却跨越时空。诗人通过今昔鲜明的对比，展现人事变化和盛衰无常的主题。此诗和《苏台览古》在题材和主题等方面有很多相似之处，但在内容上更注重写昔日之繁华，唯有最后一句疾风直下，转入荒凉景象，更显诗人笔力雄健，挥洒自如。清代宋顾乐在《唐人万首绝句选评》中赞曰："极力振宕一句，感叹怀古，转有余味。"

李白在吴越地带一住就是五年，虽然整日多是游山玩水，和朋友们欢饮达旦，思想却比过去更有深度了。当他再度登临姑苏台旧址，追古思今，内心又久久不能平静，挥毫泼墨写下这首《乌栖曲》。

乌栖曲

姑苏台上乌栖时，吴王宫里醉西施。
吴歌楚舞欢未毕，青山欲衔半边日。
银箭金壶漏水多，起看秋月坠江波。
东方渐高奈乐何！

中国古代有四大美女，有沉鱼落雁之姿、闭月羞花之容，而这"沉鱼"指的就是浣纱女西施。

都说英雄难过美人关，更何况是绝世美人。当年，西施被作为一个"大礼"送到了吴王身边，暗中行使着"妲己"的使命。吴王日夜被酒色所迷惑，又刚愎自用，不听忠言，最终落得个国破人亡的下场。

　　都说红颜祸水，但错的都是美人吗？哪个帝王不是后宫佳丽如云，为何有的能成为治国有方的明主，有的却沦为无道荒淫的昏君。真正有罪的不是美女，而是帝王那颗不坚定的心。自从西施入宫，吴王就荒废了朝政。即使没有西施，他也会在得胜后骄奢淫逸，妄自尊大，渐渐失去民心，失去一切。这是他的本性所致，西施也只是个"催化剂"而已。

　　历史的车轮行驶了千年，一切仿佛又重新上演，只不过吴国变成了大唐，夫差变成了玄宗，西施变成了玉环。杨玉环本是玄宗的儿媳，不伦的爱恋必然会导致不幸的结果。自从玉环变成了贵妃，玄宗也变得越来越不像天子。不是花前月下，就是歌舞升平，为了博美人一笑，他可以荒废朝政，沦陷于后宫。正如白居易在《长恨歌》中写的那样："春宵苦短日高起，从此君王不早朝。"这样的玄宗和夫差又有什么区别！

　　另外，贵妃的哥哥杨国忠得宠以后，常干预朝政，结党营私，朝廷上下被他们这些小人搞得乌烟瘴气，可天子却充耳不闻，视而不见，一味骄奢淫逸，长此以往，后患无穷。

　　此时的李白，还没有奉旨入京，就已经看到君主的弊端累累，预测到国家祸患无穷。他的内心中无比愤懑，好想驰骏马闯入长安城，来到天子身边帮他敲响警钟，助他平治天下。可是，他现在只是一介布衣，连见天子的资格都没有，也只能写一些怀古伤今的文字罢了。

　　李白写过不少乐府诗，这首诗旧曲新唱，矛头却直接指向了玄宗。诗人通过日薄西山、乌栖旧台、秋月坠江等富有象征意味的景象，借用吴王宠幸西施荒废朝政的典故，类比和暗讽玄宗沉迷酒色的现状，无一贬词，却笔锋犀利，讽刺意味满满，发人深思。唐代范传正在《唐左拾遗翰林学士李公新墓碑并序》中就曾记载说："在长安时，秘书监贺知章号公为谪仙人，吟公《乌栖曲》云：'此诗可以哭鬼神矣。'"

02 杀气赫长虹

梦想与现实的差距有多远，李白也是奉旨入京后才逐渐明白。原来，大鹏到了天子身边也未必能展翅翱翔，反而还要像只金丝雀一样，在笼中卖弄婉转的喉咙，只为博主人一乐。

公元744年，李白怀着太多的意难平离开长安，和杜甫、高适游于商丘一带。游历山水的同时，他们也来到了项羽与刘邦对话的旧地，如果历史可以改写，那么大汉王朝可能真的不复存在。

登广武古战场怀古

秦鹿奔野草，逐之若飞蓬。
项王气盖世，紫电明双瞳。
呼吸八千人，横行起江东。
赤精斩白帝，叱咤入关中。
两龙不并跃，五纬与天同。
楚灭无英图，汉兴有成功。
按剑清八极，归酣歌大风。
伊昔临广武，连兵决雌雄。
分我一杯羹，太皇乃汝翁。
战争有古迹，壁垒颓层穹。
猛虎啸洞壑，饥鹰鸣秋空。
翔云列晓阵，杀气赫长虹。
拨乱属豪圣，俗儒安可通。
沉湎呼竖子，狂言非至公。
抚掌黄河曲，嗤嗤阮嗣宗。

秦朝末年，风云多变，横空出世两个英雄，一个叫项羽，一个叫刘邦。论武功，项羽更胜一筹，西楚霸王名不虚传；论计谋，刘邦当仁不让，更何况他身边还有张良、萧何、韩信等一群良臣名士辅佐，更是如虎添翼。一山不容二虎，秦王朝被推翻后，江山姓刘还是姓项，还要看谁更得民心。

君子斗智，匹夫斗勇。论单打独斗，十个刘邦也打不过一个项羽；论收买人心，一百个项羽也不敌一个刘邦。当年，刘邦与项羽站在两山之巅，相距万丈深涧隔空喊话。刘邦斥责项羽十大过错，气得项羽举起弓弩对他就是一箭。明明已经射中胸膛，可刘邦特会演戏，他俯身大喊："呵呵，你只射中我的脚趾头！"项羽信以为真，得意而归。刘邦被抬回去养伤，为了安抚三军，他又要假装痊愈亲自犒赏大军，收获了满满的军心。

然而演戏归演戏，刘邦为了能成就霸业，也的确付出了很多努力。他爱民如子，重用贤良，势力不断强大。而项羽虽骁勇善战，但刚愎自用，贸然行事，为日后的灭亡埋下了祸根。公元前202年，刘邦全面出击，项羽一败涂地。四面楚歌中，霸王别姬的悲剧上演，项羽自刎于乌江之上，长达四年的楚汉之战结束。

很多人同情项羽，讨厌刘邦。李清照也写过"至今思项羽，不肯过江东"的诗句，而竹林七贤中的阮籍直接骂刘邦为"竖子"。对此，李白则有不同的见解。

莫以成败论英雄，看人看事要客观全面，不能太主观情绪化。李白对二者皆有敬仰，但并不盲目崇拜。大风起兮云飞扬，刘邦占据天时、地利、人和，称帝是必然结果；而项羽骁勇善战，更适合做一员大将或诸侯。天意不可违，一切，都是最好的安排。

这是一首怀古诗，但不乏辩证色彩。诗人借楚汉之争的古战场遗迹，评论历史，总结规律，语言精练、风格洒脱、夹叙夹议、浑然一体，体现了诗人对历史非凡的洞察力和清醒的政治头脑。

03　拖船一何苦

李白漫游天下，观古迹，看兴衰，叹息英雄的不同命运，可是当他看到百姓生活于水深火热之中，恻隐之心也溢于言表。

他在云阳等地，亲见纤夫们在炎热的大夏天里，赤裸着上身拼

卷八　谪仙人——大鹏飞兮振八裔

221

命拖船的情景，十分心疼。可旁边的达官贵人，却只知利益，不顾老百姓死活，让李白心生愤慨。

丁督护歌

云阳上征去，两岸饶商贾。
吴牛喘月时，拖船一何苦。
水浊不可饮，壶浆半成土。
一唱督护歌，心摧泪如雨。
万人凿磐石，无由达江浒。
君看石芒砀，掩泪悲千古。

云阳在今江苏润州，大运河从此经过，商贾往来不断，生意十分兴隆。然而这繁华的背后，则是百姓的眼泪和血汗。

在唐朝前期，朝廷实行"租庸调"制。租，就是田租，每人每年要征收 2 石粮食；庸，就是成年男子每人每年服 20 天徭役，不想服的，可以交 60 尺绢来代替；调，是户调，每年征收 2 丈绢和 3 两绵。除此之外，百姓们还要负担各类杂徭，主要是修路、筑堤、挖渠等各类差遣，因为这样的杂徭无定时，还常会耽误农事，百姓们苦不堪言，压力很大。难怪孔子曾说："苛政猛于虎也！"

烈日如火，酷暑难当，数不清的男子沿江拖船运石，一个个累得筋疲力尽，苦不堪言；而达官贵人们却坐在大罗伞下，一边悠闲地喝着茶水，一边呵斥着船工们快点儿干。石头又大又多，不知何日才可运完，而这种徭役也是无穷无尽，以后不知还会有什么苦难降临在百姓身上。李白看在眼中，痛在心中，自称"平生不下泪"的李太白也为百姓所遭受的苦难而"掩泪悲千古"，使全诗的悲剧色彩更为浓重。

元代张养浩曾在《山坡羊·潼关怀古》中说："伤心秦汉经行处，宫阙万间都做了土。兴，百姓苦；亡，百姓苦。"改朝换代，享受幸福的是达官显贵，遭受痛苦的却是平民百姓。纵使没有战乱，也有沉重的苛捐杂税，像大山一样压在百姓身上，同样活得艰难。

　　李白的诗以浪漫主义著称，而这首却是沉郁苍凉的现实主义诗篇，通篇质朴无雕琢，落笔沉痛，意境深远，和杜甫的风格颇为相似。诗中叙议结合，再加以生动的描写、鲜明的对比，表达了诗人对劳动人民的同情、对统治阶级的斥责。结尾句为点睛之笔，与屈原"长太息以掩涕兮，哀民生之多艰"之句有异曲同工之妙。

第三章
抚长剑，一扬眉

01 何人不起故园情

李白与许氏成婚后，前老相爷的关系网并没有帮他走上仕途，反而让他背上赘婿的包袱。李白也是一个自尊心很强的人，于是和妻子一起来到碧山隐居，但还是难免会受到他人的白眼和议论，李白表面上不在乎，也不争辩，但内心并不舒服。

开元二十二年（734年），李白辞别妻子离开安陆，去东都洛阳寻找拜谒的机会。然而接待他的仍是各式各样的冷板凳，让他失望至极。

春夜洛城闻笛

谁家玉笛暗飞声，散入春风满洛城。

此夜曲中闻折柳，何人不起故园情。

一个人躺在客栈里，李白在床上翻来覆去睡不着，想着自己时运不佳，一连几次拜谒都石沉大海。偌大的东都城，竟然没有能容他的弹丸之地，没有人赏识他的才华，忍不住又一声长叹。

正在独自烦恼之际，窗外忽然传来哀婉的笛声，如泣如诉，融入这温柔的春风，徘徊在整个洛阳城的上空。"时光只解催人老，不信多情。"日子过得真快，一晃一年过去了，李白和家人之间的通信也越来越少，内心越来越感到孤独与迷茫。这不知从何处响起的笛声，又悄然拨动了他思乡的心弦，李白站在窗前，眺望家的方向，恨不得能插上双翅早日飞回到妻儿的身边。

全诗紧扣一个"闻"字，借笛声表乡愁，如余音袅袅，绕梁不绝，意蕴无穷。诗中有太多的未知与不解，也有大胆的想象和夸张，衬托出李白的淡淡愁绪，也更容易引发听者的共鸣。明代桂天祥曾在《批点唐诗正声》中评论道："唐人作闻笛诗每有韵致，如太白散逸潇洒者不复见。"

02　愿斩单于首

"宁为百夫长，胜作一书生。"李白心中也有一个军人梦，渴望战场杀敌、勒石燕然。但真实的战场，远比想象的更残酷，更可怕。

从军行二首（其一）

> 从军玉门道，逐虏金微山。
> 笛奏梅花曲，刀开明月环。
> 鼓声鸣海上，兵气拥云间。
> 愿斩单于首，长驱静铁关。

将士们经过玉门关，一路追逐鞑虏来到了金微山。当年，东汉大将窦宪曾派假司马耿夔等人在此地大败北匈奴；而今，将士们又擂响战鼓，吹响牛角，在《梅花落》的笛声中，手持大刀奋勇杀敌，士气如长虹，直冲霄汉，上演着大唐壮士行。马革裹尸，血染沙场，他们无所畏惧，视死如归，只希望能斩下单于的首级，大败匈奴，直捣铁门关，早日凯旋。

战争是残酷惨烈的，但为了国泰民安，将士们浴血疆场，在所不辞。李白身居长安，深知边境并不太平，被战士们舍生忘死、保家卫国的忠烈情怀所感动，于是写诗为壮士们擂鼓助威，希望他们能早日凯旋。这首诗写得苍凉悲壮，用生动富有画面感的语言描述了战士们血染沙场的场面，表达了诗人对英雄的赞叹、对和平的期盼。

李白虽不是边塞诗人，但他的边塞诗写得并不比王昌龄等人逊色，特别是这首《塞下曲》，也是流传千古，妇孺皆知。

塞下曲六首（其一）

五月天山雪，无花只有寒。
笛中闻折柳，春色未曾看。
晓战随金鼓，宵眠抱玉鞍。
愿将腰下剑，直为斩楼兰。

边塞和长安，分明就是两个世界。五月的都城百花争妍、莺歌燕舞，可天山之上还是白雪飘零、寒冰覆盖。刺骨的寒风在天地间盘旋，没有盛开的花朵、碧绿的小草，也看不到一丝春的痕迹。难怪有人说："入了玉门关，就看不到春天。"只有在《折杨柳》的曲子中，人们才能回忆起春光明媚的样子。

诗人岑参笔下的"忽如一夜春风来，千树万树梨花开"的诗句看似很美，但实际上寒风刺骨，夜不能寐，边塞将士们一个个冻得瑟瑟发抖，角弓难控，铁衣难着，哪还有闲心去欣赏这奇丽的雪景？他们要的不是浪漫，而是棉衣、火炭、烈酒来御寒。

白天，战士们与敌人殊死搏斗；晚上，他们抱着马鞍、穿着战袍、搂着兵器而眠，时刻准备投入战斗。他们也想家中的亲人，也想回到熟悉的故乡。但现在战乱还未平定，敌人还未退去，他们只愿挥舞刀剑，直抵敌人老巢，大胜而归，和家人团聚，从此天下无战。

像这样的《塞下曲》，李白一连写了六首，诗中有战士们"握雪海上餐，拂沙陇头寝"的苦寒生活，也有"那堪愁苦节，远忆边城儿"的思乡愁怨；有"骏马似风飙，鸣鞭出渭桥"的行军之速，也有"兵气天上合，鼓声陇底闻"的激烈场面；有"功成画麟阁，独有霍嫖姚"的壮志雄心，也有"横行负勇气，一战净妖氛"的必胜信念。

李白的这些边塞诗，神韵超远、气概闳逸，写出了大唐战士们的威风与勇猛，也体现了诗人爱国的情怀和想要建功立业的抱负。

03　桥边黄石知我心

公元 755 年，安史之乱爆发，叛军横行霸道，让洛阳城尘土飞扬，百姓流离失所。战火所到之处，鸡犬不宁，生灵涂炭，天津桥下血流成河，白骨成山。

第二年暮春三月，李白携带妻子一路南奔，逃避战乱。路过溧阳县时，他们有幸遇到了当地主簿窦嘉宾，此人热情豪爽，请李白入家中做客。虽然二人萍水相逢，但意气相投，相见恨晚，很快就称兄道弟，结为好友，李白还为他取了一个很豪放的称号——扶风豪士。

窦主簿家的宅院很大，装修也很典雅，院中种了许多梧桐树，鸟儿在上面婉转高歌，看见新来的客人更是欢呼雀跃。雕梁画栋，色彩清丽，图案雅致，李白赞不绝口。酒桌上，二人推杯换盏，聊得很投机。酒后吐真言，面对着热情的扶风豪士，李白也道出许多心里话。

扶风豪士歌

洛阳三月飞胡沙，洛阳城中人怨嗟。
天津流水波赤血，白骨相撑如乱麻。
我亦东奔向吴国，浮云四塞道路赊。
东方日出啼早鸦，城门人开扫落花。
梧桐杨柳拂金井，来醉扶风豪士家。
扶风豪士天下奇，意气相倾山可移。
作人不倚将军势，饮酒岂顾尚书期。
雕盘绮食会众客，吴歌赵舞香风吹。
原尝春陵六国时，开心写意君所知。

堂中各有三千士，明日报恩知是谁？

抚长剑，一扬眉，清水白石何离离。

脱吾帽，向君笑；饮君酒，为君吟。

张良未逐赤松去，桥边黄石知我心。

这首诗围绕一个"豪"字展开，既写出了扶风豪士的义气豪爽，也抒发了李白的壮志豪情。

战国四公子之一的信陵君，采纳门客侯嬴之计，窃符救赵，大破秦军，成为传世佳话。李白化用信陵君的典故，表达了自己想要为国效力、替天子分忧的雄心壮志。

秦朝时张良在沂水桥边遇到了黄石公，经过几番考验后，被赠予《太公兵法》。张良辅佐高祖打下汉室江山，立下首功，可他却放下一切高官厚禄，毅然选择急流勇退、归隐山林。李白化用张良的典故，也表明自己甘愿为国尽忠、不求功名利禄的思想。功成名就后，他也会效仿张良，退隐江湖。

这首诗用典自然，语言清爽，风格沉稳大气，由叙事到抒情自然转场，由谢友到明志变换自如，长短句交错，富有节奏感，也加强了语势。

乱世之中遇真情，危难之中见侠义。李白与扶风豪士举杯共饮，并不是及时行乐，除了表明自己的心志外，也希望豪士能为国家靖乱发挥光热。天下兴亡，匹夫有责。大敌当前，李白热情不减，志向不改，为了实现自己的政治抱负和人生价值，时刻准备着。

第四章
天马奔，恋君轩

01　青莲居士谪仙人

李白在湖州游历期间，遇到一个姓迦叶的司马。他是西域天竺人的后裔，和李白交谈后发现其谈吐不俗，与所见唐人都截然不同，就笑问李白到底是什么人。李白看着这个认真的司马，想起自己的老家就在西域碎叶，于是和这个"老乡"开起了玩笑。

答湖州迦叶司马问白是何人

青莲居士谪仙人，酒肆藏名三十春。
湖州司马何须问，金粟如来是后身。

李白生于碎叶，五岁时随父母到四川绵州青莲乡定居，而莲花又是君子的象征，所以他自称为"青莲居士"。在长安城中，贺知章读了他的诗作，大呼其为"谪仙人"。李白也欣然接受，毫不推辞。此时，面对迦叶司马的询问，李白不仅说自己是"谪仙人"下凡，还是"维摩诘大士"转世，让对方立即肃然起敬，刮目相看。

仔细品读，这首绝句的词性、平仄、对仗并不工整，写得有点儿粗糙，不及杜甫、王昌龄的文字那么讲究。但此诗的确是李白有感而发、信手拈来之作，它表面上是一首七言绝句，实则是写给迦叶的"自我简介"，言简意赅、诙谐风趣，尽显李白放荡不羁、自信乐观的天性。

02 我从此去钓东海

古人云："饥不从猛虎食，暮不从野雀栖。野雀安无巢，游子为谁骄。"有志之士，宁折不弯，临危不改节，李白也立志做这样的人。

为了躲避安史之乱，李白和家人离开宣城去剡中避难，在溧阳偶遇大书法家张旭，分外惊喜。李白与张旭在长安城时就是老相识，同为"酒中八仙"。这一次他乡遇故知，李白即将遨游东越，于是设宴与好友辞行，酒桌上，李白满怀踌躇，写下了著名的《猛虎行》。

猛虎行

朝作猛虎行，暮作猛虎吟。
肠断非关陇头水，泪下不为雍门琴。
旌旗缤纷两河道，战鼓惊山欲倾倒。
秦人半作燕地囚，胡马翻衔洛阳草。
一输一失关下兵，朝降夕叛幽蓟城。
巨鳌未斩海水动，鱼龙奔走安得宁？
颇似楚汉时，翻覆无定止。
朝过博浪沙，暮入淮阴市。
张良未遇韩信贫，刘项存亡在两臣。
暂到下邳受兵略，来投漂母作主人。
贤哲栖栖古如此，今时亦弃青云士。
有策不敢犯龙鳞，窜身南国避胡尘。
宝书长剑挂高阁，金鞍骏马散故人。
昨日方为宣城客，掣铃交通二千石。
有时六博快壮心，绕床三匝呼一掷。
楚人每道张旭奇，心藏风云世莫知。
三吴邦伯多顾盼，四海雄侠皆相推。

萧曹曾作沛中吏，攀龙附凤当有时。

溧阳酒楼三月春，杨花漠漠愁杀人。

胡人绿眼吹玉笛，吴歌白纻飞梁尘。

丈夫相见且为乐，槌牛挝鼓会众宾。

我从此去钓东海，得鱼笑寄情相亲。

《猛虎行》本为乐府旧题，晋人陆机等诗人也曾写过《猛虎行》，内容多表现行役辛苦、志士不因艰险改节。

李白身处乱世，义愤填膺，也作《猛虎吟》明志。他以猛虎喻安禄山叛军，既描述了国破民伤的悲惨现状，也表达了自己希望有机会能报效国家、平复战乱的爱国情怀。全诗共四十四句，可分为三层进行赏析理解。

从"朝作猛虎行，暮作猛虎吟"到"巨鳌未斩海水动，鱼龙奔走安得宁"的十二句为第一层，主要讲述了安史之乱后叛军劫掠中原的罪行。李白将叛军比作吃人的猛虎，化用战国时期的音乐家雍门周鼓琴的典故，表达了诗人的忧国忧民之情。

第二层从"颇似楚汉时，翻覆无定止"到"有时六博快壮心，绕床三匝呼一掷"，诗人化用张良、韩信未遇良主的典故，借古讽今，表达了自己不被重用、壮志难酬的悲愤之情。

安史之乱没有爆发之前，李白就看出了一些不好的征兆，本想飞马入长安禀报天子，谁料昏庸至极的玄宗颁布了"禁言令"——凡是告安禄山要造反的人，一律送给安禄山发落。李白纵使一身不羁气、满腹爱国志，也不敢触碰逆鳞，只好无奈地跑到南国避胡尘，心中却暗骂："皇帝真是老糊涂了，早晚会后悔的！"

李白自恃有张良之才、灭敌之策，可惜没有得到天子重用，只好带着家人来到庐山避难。书籍都束之高阁，剑与马都送给朋友，整天和亲朋好友饮酒作乐，看起来很潇洒旷达，内心却一片茫然和失落。

从"楚人每道张旭奇，心藏风云世莫知"到最后共十四句为第三层，诗人高度赞颂了友人张旭的才能和人品，并巧用《庄子》中神人任公子东海钓鳌的典故，委婉地表达了自己想要为国效力的志向。

张旭不仅是著名的书法家，也是天下闻名的奇士。他胸怀大志，豪爽侠义，许多地方长官都很赏识他，不少有志之士也愿意追随他，他的才学可以和萧何等人相媲美，李白夸他不是恭维奉承，而是发自内心的敬佩。

李白的这首长诗，声情并茂、叙议结合、浑然天成、别具一格。既有现实主义的写实场景，又有大胆追梦的瑰丽想象。难怪清代王琦在《李太白全集》中赞颂此诗道："首尾一贯，脉络分明，浩气神行，浑然无迹，乃七古之佳者。有识之士，自能别之。"

03 天马呼

都说乱世出英雄，李白也想借安史之乱的时机为天子分忧，扬名天下，没想到，等来等去等来的不是天子，却是永王。李白原以为永王会是自己的伯乐，没想到他天生反骨，临乱造反，不但命丧乱军之中，还连累了李白受尽牢狱之灾。幸好天下大赦，让李白免受流离之苦，归来的路上他的心情也是起伏多变，由狂喜激动又变得悲愤与无奈。

天马歌

天马来出月支窟，背为虎文龙翼骨。
嘶青云，振绿发，兰筋权奇走灭没。
腾昆仑，历西极，四足无一蹶。
鸡鸣刷燕晡秣越，神行电迈蹑慌惚。
天马呼，飞龙趋，目明长庚臆双凫。
尾如流星首渴乌，口喷红光汗沟朱。
曾陪时龙蹑天衢，羁金络月照皇都。
逸气棱棱凌九区，白璧如山谁敢沽。
回头笑紫燕，但觉尔辈愚。
天马奔，恋君轩，骏跃惊矫浮云翻。

万里足踯躅，遥瞻阊阖门。

不逢寒风子，谁采逸景孙。

白云在青天，丘陵远崔嵬。

盐车上峻坂，倒行逆施畏日晚。

伯乐翦拂中道遗，少尽其力老弃之。

愿逢田子方，恻然为我悲。

虽有玉山禾，不能疗苦饥。

严霜五月凋桂枝，伏枥衔冤摧两眉。

请君赎献穆天子，犹堪弄影舞瑶池。

　　有这样一匹天马，来自西域的大月氏。毛色油光发亮，如老虎身上的斑纹一样美丽；体型健壮俊美，气质不俗，宛若八部天龙转世。它仰天长啸，声震九霄；扬蹄奔跑，快似闪电。日行千里，跨越山河，俊豪飘逸，凌迈九州。这样的宝马良驹，价值连城，被圣主驾驭时更是威风凛凛、神采奕奕。紫燕之类的骏马都不可和它同日而语，唯有太宗李世民胯下的飒露紫、白蹄乌才可以和它媲美。

　　但是好景不长，它没有伴随圣主太久就被冷落了，变得和普通马一样，拉车运货，遭受奴役，食不饱，力不足，才美难外现。暮暮穷年的它常会仰望天门，想起曾被天子驾驭的时光，眼中不由得又浮现出一丝得意的神情；可再看看现在衰老羸弱的自己，忍不住老泪纵横，哀嘶不断……

　　李白笔下的天马，不正是自己生动的写照吗？他也曾在长安城风光一时，而今却被流放绝境。时过境迁，造化弄人，虽然他重获新生，但已苍老力衰，无法再日行千里。"老骥伏枥，志在千里。烈士暮年，壮心不已。"即使马老了，不能再拉车，也不能再飞驰，但它还可以在瑶池起舞弄影，希望继续得到天子的垂青。李白，真是痴心不改啊！

　　论写诗，李白的确如天马行空、浪漫飘逸，光耀古今，无人可及。但是，写诗与做官是两码事，他这匹"天马"在仕途上没有遇到伯乐，却遭遇了太多的挫折和打击。帝王轻视、小人排挤，纵使风烛残年的他还想着为国效忠。只可惜，再没有机会了！

　　李白借物喻人，托物言志，诗中充满了悲愤，但又不乏豪情。瑰丽四射的想象、发自肺腑的独白、不愿向命运低头的反抗，尽显诗人的傲骨与丹心。

第五章
余风激兮万世

01 青鸟明丹心

　　都说机遇造就英雄，可带给李白的却是灾祸。上错了船，栽进了沟，幸好有亲朋好友舍命相救，他才与鬼门关擦肩而过。大难不死，必有后福。这福就是天下大赦，他不用去夜郎受苦。归途中，李白遇到江夏太守韦良宰，韦太守设宴为李白接风，李白回首往昔命途多舛，写下了人生中最长的一首诗。

经乱离后天恩流夜郎忆旧游书怀赠江夏韦太守良宰

天上白玉京，十二楼五城。
仙人抚我顶，结发受长生。
误逐世间乐，颇穷理乱情。
九十六圣君，浮云挂空名。
天地赌一掷，未能忘战争。
试涉霸王略，将期轩冕荣。
时命乃大谬，弃之海上行。
学剑翻自哂，为文竟何成。
剑非万人敌，文窃四海声。
儿戏不足道，五噫出西京。
临当欲去时，慷慨泪沾缨。
叹君倜傥才，标举冠群英。
开筵引祖帐，慰此远徂征。

鞍马若浮云，送余骠骑亭。
歌钟不尽意，白日落昆明。
十月到幽州，戈鋋若罗星。
君王弃北海，扫地借长鲸。
呼吸走百川，燕然可摧倾。
心知不得语，却欲栖蓬瀛。
弯弧惧天狼，挟矢不敢张。
揽涕黄金台，呼天哭昭王。
无人贵骏骨，騄骃空腾骧。
乐毅倘再生，于今亦奔亡。
蹉跎不得意，驱马过贵乡。
逢君听弦歌，肃穆坐华堂。
百里独太古，陶然卧羲皇。
征乐昌乐馆，开筵列壶觞。
贤豪间青娥，对烛俨成行。
醉舞纷绮席，清歌绕飞梁。
欢娱未终朝，秩满归咸阳。
祖道拥万人，供帐遥相望。
一别隔千里，荣枯异炎凉。
炎凉几度改，九土中横溃。
汉甲连胡兵，沙尘暗云海。
草木摇杀气，星辰无光彩。
白骨成丘山，苍生竟何罪。
函关壮帝居，国命悬哥舒。
长戟三十万，开门纳凶渠。
公卿如犬羊，忠谠醢与菹。
二圣出游豫，两京遂丘墟。
帝子许专征，秉旄控强楚。
节制非桓文，军师拥熊虎。
人心失去就，贼势腾风雨。
惟君固房陵，诚节冠终古。

仆卧香炉顶，餐霞漱瑶泉。
门开九江转，枕下五湖连。
半夜水军来，浔阳满旌旃。
空名适自误，迫胁上楼船。
徒赐五百金，弃之若浮烟。
辞官不受赏，翻谪夜郎天。
夜郎万里道，西上令人老。
扫荡六合清，仍为负霜草。
日月无偏照，何由诉苍昊。
良牧称神明，深仁恤交道。
一忝青云客，三登黄鹤楼。
顾惭祢处士，虚对鹦鹉洲。
樊山霸气尽，寥落天地秋。
江带峨眉雪，川横三峡流。
万舸此中来，连帆过扬州。
送此万里目，旷然散我愁。
纱窗倚天开，水树绿如发。
窥日畏衔山，促酒喜得月。
吴娃与越艳，窈窕夸铅红。
呼来上云梯，含笑出帘栊。
对客小垂手，罗衣舞春风。
宾跪请休息，主人情未极。
览君荆山作，江鲍堪动色。
清水出芙蓉，天然去雕饰。
逸兴横素襟，无时不招寻。
朱门拥虎士，列戟何森森。
剪凿竹石开，萦流涨清深。
登台坐水阁，吐论多英音。
片辞贵白璧，一诺轻黄金。
谓我不愧君，青鸟明丹心。
五色云间鹊，飞鸣天上来。

传闻赦书至，却放夜郎回。
暖气变寒谷，炎烟生死灰。
君登凤池去，忽弃贾生才。
桀犬尚吠尧，匈奴笑千秋。
中夜四五叹，常为大国忧。
旌旆夹两山，黄河当中流。
连鸡不得进，饮马空夷犹。
安得羿善射，一箭落旄头。

李白刚生下来时就被仙人摸顶授道，自幼立志成仙，追求长生。但他长大后又改了志愿，希望能辅佐帝王成就一番霸业，天下扬名。为了追求这个美丽的梦，他踏上了一条不归路，一走就是四十年。

满腹诗书，妙笔生花，好不容易名动京城，孰料仅是昙花一现。离开时，只有几个好友把酒相送。而韦太守，也在送行的队伍当中。

这匆匆一别，就是十五年。

李白看着老友，苦苦一笑，讲述了这些年的坎坷经历，白发苍苍，却又一事无成，徒留下诗文千百首，却难平心中悲愤意。但即便如此，他还是不忘找机会报效朝廷，为治国安邦尽一份微薄之力。

好不容易重获自由的李白，本应该快点儿回家过安生日子，可他还念念不忘自己的鸿鹄志、大鹏梦，即使暮暮穷年也要素履以往，拄杖去追。五十九岁的他心里很清楚，老天留给他的时间和机会不多了。

这首诗洋洋洒洒830字，从李白出生写到白发穷年，跨越时间近60载。而其中除了李白回忆自己一生坎坷的遭遇，更有国仇家恨的耻辱与痛苦、忧国忧民的赤子情怀、报效朝廷的壮志雄心、怀才不遇的愤懑与感慨。全诗多处用典，气势恢宏，如长江奔涌，纵横淋漓，可与杜甫的《北征》、韩愈的《南山》两大长篇相媲美。最有名的"清水出芙蓉，天然去雕饰"两句诗，也成了李白诗风鲜明的写照。

02　雄心日千里

　　李白很洒脱，也很执着，未完成的梦想，成了他此生的最大的心结。风烛残年的他，多次写诗向官员们毛遂自荐，不为追求名利，他只想多争取一线机会，实现布衣卿相的政治抱负。

赠张相镐（其二）

本家陇西人，先为汉边将。
功略盖天地，名飞青云上。
苦战竟不侯，富年颇惆怅。
世传崆峒勇，气激金风壮。
英烈遗厥孙，百代神犹王。
十五观奇书，作赋凌相如。
龙颜惠殊宠，麟阁凭天居。
晚途未云已，蹭蹬遭谗毁。
想像晋末时，崩腾胡尘起。
衣冠陷锋镝，戎虏盈朝市。
石勒窥神州，刘聪劫天子。
抚剑夜吟啸，雄心日千里。
誓欲斩鲸鲵，澄清洛阳水。
六合洒霖雨，万物无凋枯。
我挥一杯水，自笑何区区。
因人耻成事，贵欲决良图。
灭虏不言功，飘然陟蓬壶。
惟有安期舄，留之沧海隅。

　　李白出狱后病卧于宿松山，适逢宰相张镐率军东征睢阳，平定叛乱。李白有心杀敌，却报国无门，于是给张宰相连写了两首诗。第一首诗赞颂张镐平叛时的赫赫战功，第二首则讲述自己一生的遭遇，二者皆表达他想要报国平叛的决心。

李白自称是飞将军李广的后人，骨子里流淌着英雄的热血。他从小天赋异禀，文采超人，中年时又曾获得天子的召见与殊宠。只可惜好花不常开，人生下半场走得相当艰难坎坷，晚年又误入歧途，追悔莫及。

战火四起，天下大乱，现在正是用人之际，李白虽然又老又病，但还是希望能奉献自己的绵薄之力。于是他写诗主动请缨，希望能有机会辅佐君主良臣共除余孽，解救天下苍生。功成名就之后，他就隐退山林，修道成仙，再不慕红尘繁华。

李白到底是不是飞将军李广的后人，我们难以考证，但这首诗言辞恳切、情感真诚、笔力雄健、浩气长存，足见他的铁血忠魂、万丈雄心。

纵使衰朽残年，仍想扬蹄赴戎。

03 大鹏飞兮振八裔

生命不息，逐梦不止。上元二年（761年），六十一岁的李白听说李光弼要出兵扫除安史残余，于是前去投奔。没想到半路上生了一场大病，他只好被迫返回金陵，住在祖叔李阳冰家中，与当地官员相交，继续探讨国事。

李白一直以大鹏自况，"为君一击，鹏抟九天"一直是他追逐的梦，直到生命终结，他还高唱"大鹏飞兮振八裔"，向长安的方向眺望。

临路歌

大鹏飞兮振八裔，中天摧兮力不济。
余风激兮万世，游扶桑兮挂石袂。
后人得之传此，仲尼亡兮谁为出涕。

"大鹏一日同风起，扶摇直上九万里。"李白拼尽一生力量展翅飞翔，想要达于南溟，可惜中途力量不足，最终未能到达。躺在病榻上的李白，回想自己富有传奇色彩的一生，又想到"孔子泣麟"的典故，不由摇头叹息："我到底是一个成功者，还是一个失败者呢？我死了以后，还有谁会像怜惜孔子那样想念我呢？"

李白一生欲报名主，成就大业，而后衣锦还乡，隐居成仙。可惜忙碌几十载终没有遂愿，只能独自郁悒。已知大限将至，李白写下绝笔，失意的大鹏将在另一个世界重展羽翼，一飞冲天。

这是李白人生中的最后一首诗，也是他对这个世界最后的呐喊。

题为"临路"，实为"临终"，亦可视作李白为自己撰写的墓志铭。他在自悼，也在自哀，其中又不乏自信与自嘲，最后以"孔子泣麟"的典故巧妙收尾，既道出了伯乐难寻、知音难觅的悲叹，也为自己人生的结尾画上一个意味深长的问号。

李白是大唐诗史上最浓墨重彩的一笔，余光中先生曾在诗中赞曰："酒入豪肠，七分酿成了月光，余下的三分啸成剑气，绣口一吐就半个盛唐。"

李白是谪仙人下凡，连归去都成为千古谜团。有人说他病逝叔父家中，有人说他醉死在酒桌上，还有人说他酒后跳入水中揽月而亡。对此，笔者更倾向于最后一种。确切一点儿说，李白抱月而归，化身大鹏，扶摇九霄，与仙共饮。何等浪漫！何等逍遥！

"兴酣落笔摇五岳，诗成笑傲凌沧洲。"

以诗为翼，以笔为剑，李白一生都在逐梦前行。这只大鹏鸟纵使未到南溟，但已经一鸣惊人，翱翔云天，流芳千古，虽败犹荣！